汽车使用性能与检测

（第2版）

主编 杜峰

内容简介

本书根据汽车类专业教学标准及从事汽车职业的在岗人员对基础知识、基本技能和基本素质的需求，结合汽车专业人才培养的目的，包括汽车使用性能与检测概述、汽车综合性能检测站基础知识、汽车的动力性能检测、汽车的燃料经济性与检测、汽车的制动性能、汽车的操纵稳定性、汽车的平顺性和通过性、汽车前照灯检测、汽车排放物危害及检测等内容。

全书讲解清晰、简练，配有大量的图片，明了直观。本书按照汽车使用性能与检测作业项目的实际工艺过程，结合目前职业院校流行的模块化教学的实际需求，理论联系实际，重视理论，突出实操。

本书适合作为职业院校汽车专业教材，也可作为汽车售后服务站专业技术人员的培训教材。

版权专有　侵权必究

图书在版编目（CIP）数据

汽车使用性能与检测 / 杜峰主编. —2版. —北京：北京理工大学出版社，2019.10
ISBN 978-7-5682-7738-9

Ⅰ. ①汽… Ⅱ. ①杜… Ⅲ. ①汽车–性能检测–岗位培训–教材 Ⅳ. ① U472.9

中国版本图书馆 CIP 数据核字（2019）第 243097 号

出版发行 / 北京理工大学出版社有限责任公司	
社　　址 / 北京市海淀区中关村南大街5号	
邮　　编 / 100081	
电　　话 /（010）68914775（总编室）	
（010）82562903（教材售后服务热线）	
（010）68948351（其他图书服务热线）	
网　　址 / http://www.bitpress.com.cn	
经　　销 / 全国各地新华书店	
印　　刷 / 三河市天利华印刷装订有限公司	
开　　本 / 787毫米 × 1092毫米　1/16	
印　　张 / 13.25	责任编辑 / 陆世立
字　　数 / 305千字	文案编辑 / 陆世立
版　　次 / 2019年10月第2版　2019年10月第1次印刷	责任校对 / 周瑞红
定　　价 / 36.00元	责任印制 / 边心超

图书出现印装质量问题，请拨打售后服务热线，本社负责调换

北京理工大学出版社中等职业教育交通运输类系列教材专家委员会

主任委员：

申荣卫：天津职业技术师范大学
程玉光：北京交通运输职业学院

副主任委员（排名不分先后）：

杜　峰：天津职业技术师范大学
段福生：北京市昌平职业学校
简玉麟：武汉市交通学校
孔　超：天津职业技术师范大学
刘毅斌：湖南省工业贸易学校
马云贵：湖南交通职业技术学院
田永江：张家口机械工业学校
王忠良：沈阳市汽车工程学校
吴兴敏：辽宁省交通高等专科学校
姚博瀚：长沙汽车工业学校
袁晓玲：长沙市教育科学研究院
张　鹏：黄河交通学院

委员（排名不分先后）：

毕亚峰：长春市机械工业学校
陈　月：沈阳市汽车工程学校
陈志荣：广东省机械技师学院
崔明官：集安市职业教育中心
崔艳梅：长春职业技术学校
丁云鹏：北京昌平职业学校
董劲松：武汉市第三职业教育中心
董顺志：唐山劳动技师学院
杜　弘：沈阳市金杯职业技术学院
樊　啸：沈阳市汽车工程学校
高月敏：北京交通运输职业学院
谷平东：广东省机械技师学院
贺　民：广西理工职业技术学校
惠兆旭：长春市机械工业学校
李新起：北京交通运输职业学院

梁家生：广西理工职业技术学校
林美云：福州第一技师学院
陆炳仁：鞍山交通运输学校
吕丽平：北京交通运输职业学院
马海英：黄河交通学院
马书红：抚顺市第二中等职业技术专业学校
马玉光：辽阳技师学院
孟范辉：张家口机械工业学校
曲晓绪：长春职业技术学校
任家林：集安市职业教育中心
孙　璐：鞍山交通运输学校
孙洪雁：长春职业技术学校
汪洪青：长春职业技术学校
王　影：沈阳市金杯职业技术学院
王怡南：北京交通运输职业学院
王远明：东莞市汽车技术学校
魏祥武：辽宁省交通高等专科学校
吴　刚：辽宁职业技术学院
吴复宇：北京交通运输职业学院
武　丹：沈阳市汽车工程学校
向忠国：武汉市交通学校
肖景远：辽阳技师学院
肖良师：长沙汽车工业学校
徐天元：长春职业技术学校
杨军身：营口农业工程学校
杨璐铨：天津劳动经济学校
姚　飞：沈阳市汽车工程学校
于立辉：长春市机械工业学校
袁　亮：郴州工业交通学校
张生强：武汉市交通学校
张生强：武汉市交通学校
赵金鹏：沈阳市汽车工程学校
赵珊娜：鞍山交通运输学校
赵志明：长春市机械工业学校
郑　毅：北京交通运输职业学院
周广春：武汉市交通学校
王少华：天津职业技术师范大学
周立红：抚顺市第二中等职业技术专业学校
周鹏程：武汉市第一职业教育中心
朱胜平：武汉市交通学校

前言 PREFACE

截至 2019 年 6 月,我国汽车保有量已经突破 2.5 亿辆。随着汽车工业的迅猛发展,大量新知识、新技术不断涌现,并被迅速推广和应用。汽车技术的这一变化,必然引起汽车运用领域的相关产业和相关技术的根本性变革,了解汽车使用性能,正确合理使用汽车,以及正确选择汽车检测方法等已经变得越来越迫切。

为深入贯彻《国务院关于加快发展现代职业教育的决定》精神,积极推进课程改革和教材建设,校企"双元"合作开发教材,为中等职业教育教学提供更加丰富、多样的实用教材,适应经济发展、产业升级和技术进步,满足交通运输业科学发展的需要。北京理工大学出版社特邀请一批知名行业专家、学者以及一线骨干教师,按照"专业设置与产业企业岗位需求对接、课程内容与职业标准对接、教学过程与生产过程对接"的"三对接"要求,出版了该套图解版汽车职业教育系列教材。

"汽车使用性能与检测"是中职汽车运用与维修专业中的一门主干课程,针对职业教育的特点和规律,紧紧围绕高素质技能型人才的培养目标,以能力为本位,以工作过程为导向,以职业活动为主线,以任务为驱动,以汽车使用性能与检测为主要内容,引入全新的任务驱动式教学模式。

本书包括 9 个项目 24 个任务,具体包括汽车使用性能与检测概述、汽车综合性能检测站基础知识、汽车的动力性能检测、汽车的燃料经济性与检测、汽车的制动性能、汽车的操纵稳定性、汽车的平顺性和通过性、汽车前照灯的检测、汽车排放物危害及检测等内容。

本教材在内容编写上具有以下特点:

1. 教材设计符合职业教育理念。本教材以就业为导向,强化文化基础教育和技术技能培养,符合高素质中、初级汽车专业使用人才培养需求。

2. 任务目标清晰明确。每一个课题开始,设置学习任务,使学生在学习前能明确目标,从而在后面的学习中做到有的放矢。在课题中设置"思考与练习"、"课题小结"等内容,便于学生对课题设计知识内容的理解和记忆。

3. 设置案例任务引领。每一个任务都有来源于岗位实际工作案例导入,学习任务贴近生产实际,便于学生产生学习共鸣,激发学习兴趣,学习目标明确,从而在学习时做到心中有数,有的放矢。

PREFACE

4. 教材组织架构循序渐进。根据中职学生身心发展规律及在日常学习中对于接受知识和理解知识的思维习惯，对任务实例进行系统化的讲解和演示。

5. 教材内容实用简练。内容与生产标准对接，介绍大量企业的典型故障的维修案例，文字简练、脉络清晰、版式新颖，理论阐述言简意赅，遵循"必需""够用"原则，在保证知识体系相对完整的同时，做到知识技能传授实用和生动。

6. 线上线下资源一体化。由上海景格科技股份有限公司和长沙市博信教育科技有限公司匹配大量的视频教学资源，教材内容与线上教学资源（教案、教学课件、视频）一体化。通过以上要素有机结合，优化教学效果，打造高效课堂。

本教材由天津职业技术师范大学杜峰教授主编。本教材可供中等职业学校汽修专业学生使用，也可作为汽车相关专业学生的参考用书。

限于编者经历和水平，教材内容难以覆盖全国各中等职业院校的实际情况，希望各学校在选用和推广本系列教材的同时，注重经验总结，及时提出修改意见和建议。

编　者

目录 CONTENTS

课题一　概述 ··· 1

　　任务一　汽车使用性能概述 ·· 2
　　任务二　汽车检测技术概述 ·· 4

课题二　汽车综合性能检测站基础知识 ······································· 9

　　任务一　汽车综合性能检测站概述 ·· 10
　　任务二　汽车综合性能检测站的计算机应用概述 ··················· 13

课题三　汽车的动力性 ··· 18

　　任务一　汽车的动力性指标 ·· 19
　　任务二　汽车的驱动力 ·· 21
　　任务三　汽车的行驶阻力 ·· 24
　　任务四　汽车的动力性分析 ·· 30
　　任务五　汽车动力性的检测 ·· 37

课题四　汽车的燃料经济性 ··· 54

　　任务一　汽车的燃料经济性评价指标与影响因素 ··················· 55
　　任务二　汽车燃料经济性的检测 ·· 59

课题五　汽车的制动性 ··· 71

　　任务一　汽车的制动性评价指标与影响因素 ·························· 72
　　任务二　汽车制动性的检测 ·· 80

CONTENTS

课题六　汽车的操纵稳定性 ··· **94**
 任务一　汽车的操纵稳定性评价指标 ···························· 95
 任务二　车轮侧滑的检测 ··· 104
 任务三　车轮平衡的检测 ··· 113
 任务四　车轮定位的检测 ··· 128

课题七　汽车的平顺性和通过性 ································· **144**
 任务一　汽车的平顺性 ·· 145
 任务二　汽车的通过性 ·· 149

课题八　汽车前照灯检测 ··· **154**
 任务一　汽车前照灯的特性与检测要求 ························ 155
 任务二　汽车前照灯检测仪的原理与使用 ···················· 158

课题九　汽车排放物危害及检测 ································ **168**
 任务一　汽车排放污染物的概述 ································ 169
 任务二　汽车排气污染物的检测 ································ 175
 任务三　汽车噪声及检测 ··· 193

参考文献 ··· **202**

课题一 概述

 学习任务

1. 熟悉汽车使用性能的含义；
2. 熟悉汽车检测的目的和内容。

任务一　汽车使用性能概述

汽车使用性能是指汽车在一定的使用条件下维持高效率工作的能力，它是决定汽车利用效率和方便性的结构特性表征，往往使用汽车的运输生产率和运输成本进行评价。汽车使用性能是由汽车设计和制造工艺确定的，主要包括动力性、燃油经济性、制动性、操纵稳定性、平顺性和通过性等方面。

一、汽车的动力性

汽车作为一种高效的载人和运输工具，其效率的高低在很大程度上取决于动力性的强弱。汽车的动力性是指汽车在良好路面上维持较快的平均车速行驶的能力，这种能力可以通过汽车的最高车速、加速能力和最大爬坡能力得以体现。

最高车速是指汽车在水平良好的路面上能够达到的最高行驶速度。汽车的加速能力可以用加速时间或加速度来衡量。由于汽车行驶需要挡位配合，所以汽车的加速能力一般由原地起步连续换挡加速能力和高挡超车加速能力来评定。原地起步连续换挡加速能力是指汽车由一挡（或二挡）起步，以恰当的换挡时机和最大加速度，将静止的汽车全力加速至某一高速所需的时间；高挡超车加速能力是指汽车用最高挡或次高挡从某一车速全力加速至另一较高车速所需的时间（或加速度）。汽车的最大爬坡能力是指满载或者部分负载的汽车在良好路面上能够克服最大坡度的能力。

二、汽车的燃油经济性

汽车的燃油经济性是指汽车以最少的燃油消耗完成单位运输工作量的能力，一般用每百千米燃油消耗量（L/100km）或单位体积燃油行驶的里程数（mile/gal）来评价，前者越小或者越大，则燃油经济性越好。对于以完成运输任务为目的的营运车辆来说，单位运输量所消耗的燃油量至关重要，它间接反映了车辆的盈利能力。

三、汽车的制动性

汽车行驶时能在短距离内迅速停车且维持行驶方向稳定性，在下长坡时能维持一定车速，以及在坡道上能长时间保持停住的能力称为汽车的制动性。

四、汽车的操纵稳定性

汽车的操纵稳定性是指在驾驶员不感到过分紧张、疲劳的条件下，汽车能够遵循驾驶员通过转向系统及转向轮给定的方向行驶，且当遭遇外界干扰时，能够抵抗干扰而保持稳定行驶的能力。操控行驶中的车辆是根据行车环境对车辆进行连续调整的过程，它反映了人、车和环境之间的相互作用结果，一方面取决于驾车员对环境的判断能力和对车辆的操纵能力，另一方面也取决于车辆本身的可操控性能。

　　汽车的可操控性能是多方面能力的综合反映，主要包括影响驾驶疲劳的转向轻便性、跟随转向盘输入做出相应反应的操纵性和抵御环境干扰保持正常行驶的稳定性3个方面。汽车行驶状态复杂多变，与之相适应的可操控性能可以归纳为低速状态下的转向特性、行驶参数稳定状态下的转向特性和行驶参数非稳定状态下的瞬时转向特性。

五、汽车的平顺性

　　汽车的平顺性是指汽车在一定速度范围内行驶时，保证驾乘人员不至于因车身振动引起不适和疲劳，保持运载货物完整无损的能力。

　　汽车的平顺性又称舒适性，提高平顺性有利于缓解驾驶员的疲劳感，从而提高行车安全性。乘坐舒适感来自驾乘人员的心理和生理两个层面，驾驶室内部设计和环境因素直接作用于车内乘员感官，对其心理产生影响；而汽车行驶中产生的振动又会作用于乘员身体，产生相应的生理感受，且这种感受常常占据主导地位。

六、汽车的通过性

　　汽车的通过性是指汽车在行驶过程中克服障碍的能力，包括机动性和越野性。前者主要指汽车穿越窄巷、回转掉头和停车接近等能力；后者则指汽车是否具备以足够高的平均车速通过坏路和无路地带及各种障碍的能力，包括爬陡坡、越壕沟、涉水路、过沼泽等能力。汽车的通过性若按照其丧失通过能力的原因来划分，可以区分为因路面支承能力的丧失而引起的支承通过性和因周边几何条件丧失而导致的几何通过性。

任务二　汽车检测技术概述

汽车检测技术是利用各种检测设备，对汽车在不解体情况下确定汽车技术状况或工作能力进行的检查和测量。汽车技术状况是定量测得表征某一时刻汽车外观和性能的参数值的总和。汽车检测在交通管理、环境保护、汽车制造及维修中得到了广泛应用，并发挥了巨大的作用。目前，世界各国除不断提高汽车的性能和完善汽车的结构外，还通过法律法规要求，对在用车辆进行定期和不定期的技术检测，以确保车辆具有良好的技术状况。

汽车检测的目的就是判断汽车和总成的技术状况，查明在当前规定的期限内到下次检测前，其运动副、组合件和总成可能发生的故障，确定技术状况参数的允许变化量。

汽车检测方法有汽车安全检测、汽车综合性能检测和汽车性能检测。

一、汽车安全检测

汽车安全检测的目的是确定汽车性能是否能够满足有关汽车运行安全方面以及环保方面法规的规定。汽车安全检测一般分为外部检测和性能检测。

汽车外部检测主要是以目测定性检查或用简单仪器检查为主的车身、附件装备完备性、可靠性和外观检查。其主要内容如下：

- 检查车辆牌号和行车执照有无损坏、涂改、字迹模糊不清等情况，校对行车执照与车辆是否一致。
- 检查车辆是否经过改装、改型、更换总成，其更改是否经过审批及办理过有关手续。
- 检查车辆外观是否完好，连接件是否紧固，是否存在漏水、漏油、漏气、漏电等现象。
- 检查车辆整车及各系统是否满足《机动车运行安全技术条件》所规定的基本要求。

二、汽车综合性能检测

汽车综合性能检测的目的是对在用车辆的技术状况进行检测诊断，对汽车维修企业维修后的车辆进行质量检测，以确保汽车的安全运行。根据《汽车运输业车辆技术管理规定》，汽车综合性能检测的主要内容包括：

- 汽车的行驶安全性，如制动、侧滑、转向、前照灯状况等。
- 可靠性，如有无异响、磨损、变形、裂纹等。
- 动力性，如最高车速、加速性能、底盘输出功率、发动机功率、转矩、燃油供给系统、点火系统状况等。
- 经济性，如燃油消耗。
- 噪声及尾气排放状况。

三、汽车性能检测

汽车性能检测主要是通过专用检测设备对汽车进行规定项目检测,以确认相关技术数据是否符合要求,主要包括侧滑性能、制动性能、车速表误差、前照灯性能、尾气排放、喇叭声级和噪声等。营运车辆在使用中,气候、道路、交通环境等汽车运行条件,燃油和润滑油的品质,以及汽车使用的合理性等因素都将导致汽车技术状况发生变化。为了加强营运车辆的技术管理,国家要求根据 JT/T 198—2016《道路运输车辆等级划分和评定要求》,定期对营运车辆进行综合性能检测,并依据《营运车辆技术等级划分和评定要求》对营运车辆的技术状况进行评定。该标准依据车辆技术状况,从高到低将营运车辆的技术等级分为一级和二级,根据等级确定车辆技术性能。

1. 检测参数

检测参数是表征汽车、汽车总成及机构技术状况的指标,它是在检测、判断汽车技术状况时所采用的一种与结构参数有关,而又能表征技术状况的可测量的物理或化学量。汽车检测指标参数包括工作过程参数、伴随过程参数和几何尺寸参数,如图1-1所示。

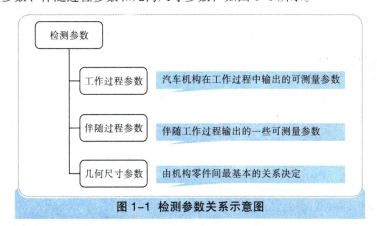

图 1-1 检测参数关系示意图

工作过程参数是汽车、总成或机构在工作过程中输出的一些可供测量的参数,如发动机功率、汽车燃油消耗量、制动距离或制动力等。

伴随过程参数是伴随工作过程输出的一些可供测量的参数,如振动、噪声、异响、温度等。这些参数可用来判断测量对象的局部信息和深入剖析复杂系统。

当汽车不工作时,无法测得上述两种参数。

几何尺寸参数可提供总成或机构中配合零件之间或独立零件的技术状况,如配合间隙、自由行程、圆度、径向圆跳动等。尽管这类参数提供的信息量有限,但能表征检测对象的具体状态。

2. 检测标准

为了定量评价汽车及总成系统的技术状况,制定能够提供比较尺度、统一检测操作方法和相应技术条件的检测标准是必要的。汽车性能检测评价标准从高到低分为4类,依次为国家标准、行业标准、地方标准和企业标准。低级别标准必须服从高级别标准,因此,低级别标准的限值往往比高级别标准中的限值要求更加严格。

国家标准由国家制定，冠以"中华人民共和国国家标准"字样，如《营运车辆综合性能要求和检验方法》。国家标准一般由行业部委提出，由国家质量监督检验检疫总局发布，具有强制性和权威性。

行业标准又称为部委标准，是国家部级机关制定并发布的标准，在部委系统内或行业系统内贯彻执行，一般冠以"中华人民共和国行业标准"字样，如交通行业标准《汽车维护工艺规范》。行业标准在一定范围内具有强制性和权威性。

地方标准是省、市、县级地方政府制定并发布的标准，在地方范围内执行，在所辖区域内具有强制性和权威性，如北京市地方标准 DB 11/318—2005《装用点燃式发动机汽车排气污染物限值及检测方法》等。

企业标准包括汽车制造厂推荐的标准、汽车运输企业和汽车维修企业内部制定的标准、检测仪器设备制造厂推荐的参考性标准 3 种类型。汽车制造厂推荐的标准是汽车制造厂在汽车使用说明书中公布的汽车使用性能参数、结构参数、调整数据和使用极限等，可以把它们作为诊断参数标准来使用。该类标准是汽车制造厂根据设计要求、制造水平，为保证汽车的使用性能和技术状况而制定的。汽车运输企业和维修企业的标准是汽车运输企业、汽车维修企业内部制定的标准，只在企业内部贯彻执行。企业标准须达到国家标准和上级标准的要求，同时允许超过国家标准和上级标准的要求。检测仪器设备制造厂推荐的参考性标准，是检测仪器设备制造厂在尚无国家标准和行业标准的情况下制定的，作为参考性标准，可以判断汽车、总成及机构的技术状况。

3. 检测参数标准

检测参数标准一般由初始值、许用值和极限值组成。

初始值相当于无故障新车和大修车诊断参数值的大小，往往是最佳值，可作为新车和大修车的诊断标准。当检测参数值处于初始值范围之内时，表明检测对象的技术状况良好，无须维修便可继续运行。

检测参数值若处于许用值范围之内，表明检测对象的技术状况虽发生变化，但尚属正常，无须修理，按要求维护即可继续运行。

检测参数值超过极限值，表明检测对象的技术状况严重恶化，汽车须立即停驶进行修理。

4. 检测分类

中华人民共和国交通运输部根据"坚持预防为主、依靠科技进步和技术与经济相结合"的原则，确立了"定期检测、强制维护、视情修理"的在用汽车管理制度。定期检测包含两重含义：一是对所有从事运输经营的汽车，视其类型、新旧程度、使用条件和使用强度等，在车辆行驶一定里程或时间后，定期进行综合性能检测。通过这种检测，一是达到控制运输车辆技术状况的目的，同时也可监督车辆检测前的维修竣工质量；二是结合汽车二级维护定期进行诊断检测，以掌握汽车技术状况的变化规律，确定是否需要在常规维护的同时附加修理作业项目，从而实现视情修理的目的。此项工作分别由道路运输管理机构组织的汽车综合性能检测和汽车维修企业在二级维护作业前的诊断检测落实。视情修理是随着现代汽车高科技特征和汽车检测技术的发展而提出的，根据车辆诊断检测后的技术评定，按不同作业范围和作业深度进行修理。

按照国家标准规定，我国在用汽车性能检测主要分为安全环保检测和综合性能检测两类。

安全环保检测是指对汽车实行定期或不定期安全运行和环境保护方面的检测，目的是在汽不解体的情况下建立安全和公害监控体系，确保车辆具有符合要求的外观容貌和良好的安全性能，限制汽车的环境污染程度，使其在安全、高效和低污染的工况下运行。

综合性能检测是汽车运输业车辆技术管理的主要内容之一，是科学技术进步与技术管理相结合的产物，是检查、鉴定车辆技术状况和维修质量的重要手段，是促进维修技术发展、实现视情修理的重要保证。综合性能检测是指对汽车实行定期或不定期综合性能方面的检测，目的是在汽车不解体的情况下，确定营运车辆的工作能力和技术状况，查明其故障或隐患部位及原因，对维修车辆实行质量监督，建立质量监控体系，确保车辆具有良好的安全性、可靠性、动力性、经济性、排气净化性，以创造更大的经济效益和社会效益。检测的主要内容包括动力性、燃油经济性、安全性、使用可靠性、排气污染和噪声，以及整车装备完整性、防雨密封性等多种技术性能的组合。

思考与练习

一、填空题

1. 使用性能是由汽车设计和制造工艺确定的，主要包括_____、_____、_____、_____、_____和_____等方面。

2. 汽车行驶时能在_____内迅速停车且维持_____稳定性，在_____时能维持_____，以及在坡道上能长时间_____的能力称为汽车的_____。

3. 汽车检测方法有_____和_____。

4. 汽车综合性能检测的目的是对在用车辆的_____进行检测诊断，对汽车维修企业_____进行质量检测，以确保汽车的_____。

二、选择题

1. 汽车检测的类型有（　　）。

　　A. PDI 检测　　　　　　　　B. 汽车综合性能检测

　　C. 汽车安全检测　　　　　　D. 汽车维修检测

2. 下列有关汽车行驶的平顺性表述不正确的是（　　）。

　　A. 汽车的行驶平顺性又称舒适性。

　　B. 提高舒适性有利于缓解驾车者的疲劳感，从而提高驾驶兴趣。

　　C. 汽车的乘坐舒适感来自驾乘人员的心理和生理两个层面。

　　D. 汽车行驶的平顺性是指汽车在一定速度范围内行驶时，保证驾乘人员不至于因车身振动引起不适和疲劳，保持运载货物完整无损的能力。

三、问答题

1. 汽车的使用性能是什么，有哪些内容？

2. 汽车的检测技术有哪些？

课题二 汽车综合性能检测站基础知识

学习任务

1. 熟悉汽车检测站的任务、类型和工位布置；
2. 掌握汽车检测站计算机控制系统；
3. 熟悉汽车性能检测流程。

任务一　汽车综合性能检测站概述

汽车综合性能检测站是综合运用现代检测技术，对汽车实施不解体检测、诊断的机构。它具有现代的检测设备和检测方法，能在室内检测出车辆的各种性能参数，并诊断出可能出现的故障，为全面、准确地评价汽车的使用性能和技术状况提供可靠的依据。

一、检测站的任务

根据《汽车综合性能检测站能力的通用要求》的定义，汽车综合性能检测站是按照规定的程序、方法，通过一系列技术操作行为，对在用汽车综合性能进行检测、评价，并提供检测数据、报告的社会化服务机构。它的服务功能主要有：对在用运输车辆的技术状况进行检测诊断；对汽车维修行业的维修车辆进行质量检测；接受委托，对车辆改装、改造、报废及其有关新工艺、新技术、新产品、科研成果等项目进行检测，并提供检测结果；接受公安、环保、商检、计量和保险等部门的委托，为其进行有关项目的检测，并提供检测结果。

二、检测站的类型

根据检测站的职能，汽车综合性能检测站分为A、B、C三级。
1）A级站能够检测车辆的制动、侧滑、灯光、转向、前轮定位、车速、车轮动平衡、底盘输出功率、燃油消耗、发动机功率和点火系状况，以及异响、磨损、变形、裂纹、噪声、废气排放等状况。
2）B级站能承担在用车辆技术状况和车辆维修质量的检测，即能检测车辆的制动、侧滑、灯光、转向、车轮动平衡、燃油消耗、发动机功率和点火系状况，以及异响、变形、噪声、废气排放等状况。
3）C级站能承担在用车辆技术状况的检测，即能检测车辆的制动、侧滑、灯光、转向、车轮动平衡、燃料消耗、发动机功率以及异响、噪声、废气排放等状况。

三、检测站的组成和检测线的工位布置

1．检测站的组成

检测站主要由一条至数条检测线组成。独立而完整的检测站，除包括检测线外，还包括停车场、清洗站、泵气站、维修车间、办公区和生活区等。
综合性能检测站一般由安全环保检测线和综合检测线组成，可以各为一条，也可以各为数条。国内交通系统建成的检测站大多属于综合性能检测站，一般由一条安全环保检测线和一条综合检测线组成，如图2-1所示。

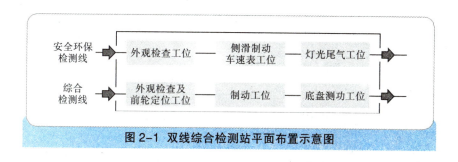

图 2-1 双线综合检测站平面布置示意图

2. 检测线工位布置

汽车综合检测线通常可以分为双线综合式检测线和全能综合式检测线。双线综合式检测线是将汽车安全环保检测项目组成一条检测线，而将汽车综合性能检测项目组成另一条检测线。全能综合式检测线设有包括安全环保检测项目和综合性能检测项目在内的比较齐全的检测位。汽车综合性能检测站的建立应根据本地区的具体条件而定，依据经营类别、服务对象范围、生产规模、车型种类等条件，确定检测站的年检测量、检测工位数、设备及人员配备、检测车间面积和检测站总面积。汽车综合性能检测站的工位布局主要考虑检测的方便性和工作效率，同时兼顾环境需要。可采用如图 2-2 所示的方式进行布局。

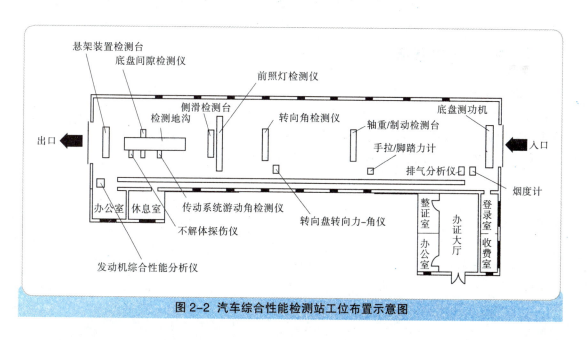

图 2-2 汽车综合性能检测站工位布置示意图

四、检测站的工艺路线

对于一个独立而完整的检测站，汽车综合性能检测站的工艺路线流程如图 2-3 所示。

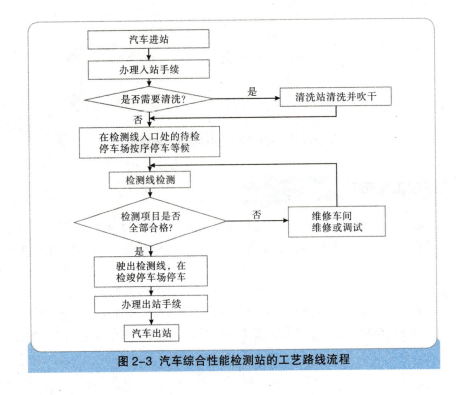

图 2-3 汽车综合性能检测站的工艺路线流程

五、汽车检测方法

汽车检测包括道路试验(简称路试)检测和台架试验(简称台试)检测两种方法。两种检测方法各具特色,互为补充。对于有些检测项目,两种方法可以相互代替,但对于另外一些项目则不能,如操纵稳定性试验的大部分项目只能采用路试检测方法。两种不同的检测方法各自运用不同的检测流程和检测参数,但对于同一检测项目,对检测结果的评价是一致的。

任务二 汽车综合性能检测站的计算机应用概述

一、检测站计算机控制系统

汽车综合性能检测站计算机控制系统是将计算机应用技术和电子控制技术、网络通信技术相结合,对测量、计算、判断、结果存储、传输和输出进行综合管理的智能化系统。《汽车综合性能检测站能力的通用要求》和《汽车检测站计算机控制系统技术规范》中对检测站的计算机控制系统的功能提出了明确的要求。

运用现代网络通信技术可将这些子系统连接成一个局域网,用于实现检测站的全自动检测、全自动管理和全自动财务结算等。还可以利用信息高速公路将某地区的检测站连成一个广域网,使上级交通部门可以实时了解并监督该地区各检测站的车检工作,如图2-4所示。计算机控制检测系统需要帮助检测人员完成车辆信息登录、规定项目与参数的受控自动检测、检测数据的自动传输与存档、检测报告与统计报表的自动生成、指定信息的查询、适用于检测车型的数据库和检测标准项目的参数限值数据库的建立等工作。该系统具有对人工检验项目和对未能联网的检测设备的检测结果进行人工录入的功能,以及对受检车辆的检测调度功能等。

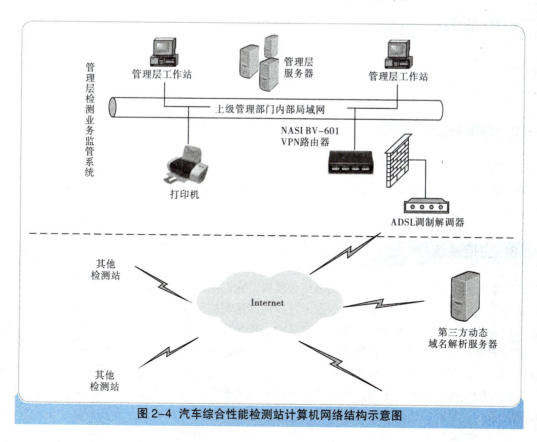

图2-4 汽车综合性能检测站计算机网络结构示意图

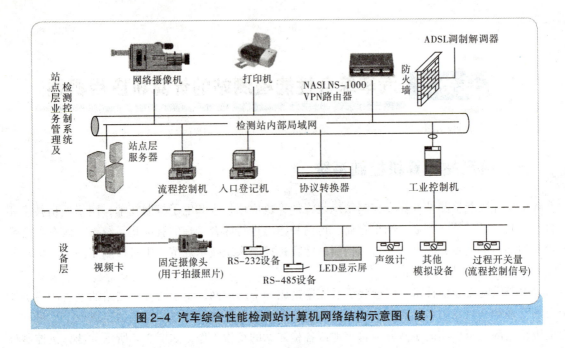

图 2-4 汽车综合性能检测站计算机网络结构示意图（续）

计算机控制系统由硬件和软件两部分组成。硬件部分包括计算机及外部设备、外部接口、传感器、前端处理单元。软件部分包括系统软件、应用软件和数据库等。

计算机控制系统依靠下列子系统完成国家标准所要求的各项功能。

1. 登录系统

将车辆基本信息和检测项目录入计算机控制系统，为主控制系统的控制和报告打印提供信息。登录注册系统界面后，可看到查询条件区、车辆基本信息区和检测项目选择区等。

2. 调度系统

调度系统根据车辆实际到达检测车间的顺序，在无序登录到计算机控制系统的车辆中，选择相应的车辆发往主控制系统，开始检测。调度系统界面一般包括待检车辆列表，用来显示登录注册系统已经录入的车辆车号、车型、待检项目、检测序列号等信息。

3. 主控系统

主控系统是检测站计算机控制系统的核心模块，它根据被检车辆需要检测的项目，控制检测设备运转，采集检测设备返回的检测数据，并按照国家相应标准对检测数据进行判定；控制检测线各工位电子显示屏，显示检测结果和判定结论，按照检测流程给引车员相应的操作提示；最终将检测数据和判定结论存入本地数据库。主控系统界面设有用来显示在检车辆当前正在检测的项目及已检测项目判定结论的在检车辆状态区、用来显示已由调度发出但尚未检测车辆的信息的待检车辆信息区、用来显示各工位当前正检测车辆检测数据的检测数据显示区，以及用来显示当前各检测设备运行状况的检测设备状态区等。主控系统通常包括外观检测、底盘检测、尾气检测、速度检测、制动检测、灯光检测、声级检测、侧滑检测、悬架检测、底盘功率检测和油耗检测等功能模块。

4. 打印系统

打印系统能够按照规定的报告式样，根据检测结果，在检测报告的相应位置上打印出车辆的基本信息和各项检测数据，并给出判定结论。

5. 监控系统

监控系统将前端摄像机采集的视频信号，通过传输线路，集中到监视器或录像机，供实时监控或存档查询。汽车检测过程监控系统需实现管理部门对检测现场的视频监控。视频监控是整个检测监控系统的核心部分，主要分为两部分，即汽车检测站端和上级管理部门端，可采用手动录像、定时录像和自动录像等多种方式进行图像记录。

6. 客户管理系统

客户管理系统是对客户资源的管理，包括客户信息录入、业务收费、财务审核、领导查询等功能模块。

7. 维护系统

维护系统包括检测设备的软件标定、检测判定标准的维护、数据库的定期备份、硬件维护和软件维护等功能模块。

8. 查询统计系统

查询统计系统可以按照任意时间段，对被检测车辆、车辆单位、检测合格率、引车员工作量、检测收入等信息进行查询、统计，并按照一定的查询条目自动生成统计报表。

二、汽车性能检测流程

作为汽车综合性能检测站的工作人员，应该熟知站里的业务办理流程，如图2-5所示。

登录系统是汽车检测站计算机控制系统检测流程的起点，年检时进行车辆交接与登录需提交以下几项资料：驾驶证正副原件、行驶证、上一次的年检标志、环保标志、机动车交通事故责任强制保险凭证以及需要年检的汽车。

另外，依据《中华人民共和国道路交通安全法》《中华人民共和国道路交通安全法实施条例》和《机动车登记规定》中的有关条款，对登记后上道路行驶的机动车，按照下列期限进行安全技术检验。

1）营运载客汽车5年以内每年检验1次；超过5年的，每6个月检验1次。

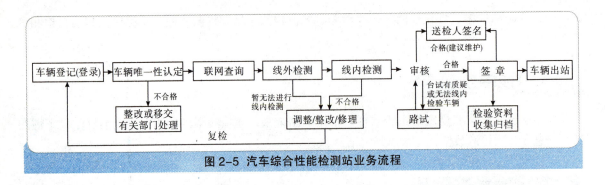

图2-5 汽车综合性能检测站业务流程

2）载货汽车和大型、中型非营运载客汽车10年以内每年检验1次；超过10年的，每6个月检验1次。

3）小型、微型非营运载客汽车6年以内每2年检验1次；超过6年的，每年检验1次；超过15年的，每6个月检验1次。

机动车所有人可以在机动车检验有效期满前3个月内申请检验合格标志。对于未检车辆上路会给出30天的宽限期。30天过后，如果车主还没有验车，电子眼将自动记录这类违法行为，并依法对驾驶员进行罚款并扣分。

此外，若出现以下两种情况，不能办理年检。

1）已注册登记的机动车进行安全技术检验时，机动车行驶证记载的登记内容与该机动车的有关情况不符，或者未按照规定提供机动车第三者责任强制保险凭证的，不予通过检验。

2）机动车涉及未处理完毕的道路交通安全违法行为和交通事故的。

当资料审核齐全时，检测站的工作人员将所有相关信息都登记到计算机上，相关信息也将通过网络的形式传送给业务主管部门。

一、填空题

1. 汽车综合性能检测站是按照规定的_____、_____,通过一系列技术操作行为,对在用汽车综合性能进行_____、_____,并提供_____、_____的社会化服务机构。

2. 检测站主要由_____检测线组成。独立而完整的检测站,除包括_____外,还包括_____、_____、_____、_____和生活区等。

3. 汽车综合性能检测站计算机控制系统依靠_____、_____、_____、_____、_____、_____、_____完成国家标准所要求的各项功能。

二、选择题

1. 下面关于汽车检测方法的表述错误的是(　　)。
   A. 汽车检测包括道路试验检测和台架试验检测两种方法
   B. 两种检测方法各具特色,互为补充
   C. 对于有些检测项目,两种方法可以相互代替,但对于另外一些项目则不能,如操纵稳定性试验的大部分项目只能采用路试检测方法
   D. 因为两种不同的检测方法各自运用不同的检测流程和检测参数,所以对于同一检测项目,检测结果的评价是不一致的

2. 汽车综合性能检测站的主要任务是(　　)。
   A. 对在用运输车辆的技术状况进行检测诊断
   B. 对汽车维修行业的维修车辆进行质量检测
   C. 接受委托,对车辆改装、改造、报废及其有关的新工艺、新技术、新产品、科研成果等项目进行检测,提供检测结果
   D. 接受公安、环保、商检、计量和保险等部门的委托,为其进行有关项目的检测,提供检测结果

三、问答题

1. 汽车综合性能检测站的类型有哪些?

2. 汽车综合性能检测站计算机控制系统都由哪些子系统组成?各有什么作用?

3. 汽车综合性能检测站的工艺路线流程是什么?

课题三 汽车的动力性

● 学习任务

1. 熟悉汽车动力性的评价指标;
2. 能够正确叙述汽车驱动力与行驶阻力的组成及影响因素;
3. 了解汽车的行驶和附着条件;
4. 熟悉底盘测功台的结构和工作原理;
5. 能够利用汽车动力性的检测设备检测汽车的动力性。

任务一　汽车的动力性指标

汽车的动力性是指汽车在良好、平直的路面上行驶时，汽车由所受到的纵向外力决定的、所能达到的平均行驶速度。

汽车的动力性直接影响汽车的平均行驶速度。动力性越好，汽车以最快的运输速度完成运输工作的能力越高。因此，动力性是汽车的重要使用性能之一。

汽车的动力性通常以汽车的加速性、最高车速及最大爬坡度等项目作为评价指标。动力性代表了汽车行驶可发挥的极限能力。在评价汽车的动力性时，由于汽车用途和使用条件的不同，对其要求也不一样。例如，经常在公路干线上行驶的汽车，起主要作用的是汽车的最大速度，而加速性的要求居于次位；而市内行驶的汽车正好相反，由于城市内交通繁忙，汽车在行驶中需要经常制动、停车和起步。汽车的加速性是评价这类汽车动力性的主要指标。

一、汽车的加速性

汽车的加速性表示汽车的加速能力，通常用汽车的加速时间或加速距离表述。它对汽车的平均行驶速度影响很大。

1. 加速时间

加速时间可分为原地起步加速时间和超车加速时间。

原地起步加速时间，是指汽车由1挡或2挡起步，以最大的加速强度，选择恰当的换挡时间，逐步换挡至最高挡位，达到预定距离或车速所需要的时间。一般可用从汽车静止加速行驶到400 m距离或者升至100 km/h的速度所需的时间表示汽车原地起步的加速能力。

超车加速时间，是指汽车用最高挡或次高挡由预定的车速，以最大加速强度，加速到某规定车速所需的时间。超车加速能力强，表明汽车超车过程中并行时间短，与对向交通流发生碰撞事故的概率低。超车加速能力通常采用以最高挡或次高挡从30 km/h或40 km/h全力加速至某预定高速所需的时间表示。

2. 加速距离

加速距离可分为原地起步加速距离和超车加速距离。

原地起步加速距离，是指汽车由1挡或2挡起步，以最大的加速强度，选择恰当的换挡时间，逐步换挡至最高挡位，达到预定车速所经过的路程。可用从汽车静止加速行驶至100 km/h的速度所经过的路程表示汽车原地起步的加速能力。

超车加速距离，是指汽车用最高挡或次高挡由预定的车速，以最大加速强度，加速到某规定车速所经过的路程。

为了使汽车安全地从有坡度的匝道驶入高速公路，也有以汽车在规定的坡道(6%)上达到规定车速所经过的加速时间来表示汽车加速性能的。

二、最高车速

最高车速，是指汽车在平直的良好道路(混凝土或柏油)上行驶时所能达到的平均最高行驶车速。

三、汽车爬坡能力

汽车爬坡能力用最大爬坡度 i_{max} 表示。最大爬坡度，是指汽车满载时，以1挡在良好路面所能爬上的坡度。它是载货汽车动力性的评价指标，代表了汽车的极限爬坡能力。载货汽车经常在各种不同道路行驶，必须要求有足够的爬坡能力。载货汽车的最大爬坡度一般为16°左右。越野汽车有时需要在恶劣的道路或无路条件下行驶，需要克服松软坡道路面的较大阻力及凹凸不平路面的局部大阻力。轿车的动力性较载货汽车好，爬坡能力强，且主要在良好路面行驶，一般不强调其爬坡能力。

任务二 汽车的驱动力

汽车发动机产生的有效转矩 M_e，经过汽车传动系传到驱动轮上，此时作用在驱动轮上的转矩 M_t 便产生一个对地面向后的圆周力 F_0。根据作用力与反作用力原理，地面对驱动轮产生一个向前的反作用力 F_t，F_t 为驱动汽车的外力，称为汽车的驱动力（见图3-1），其大小为

$$F_t = \frac{M_t}{r}$$

式中　M_t——作用于驱动轮上的转矩，N·m；
　　　r——车轮半径，m。

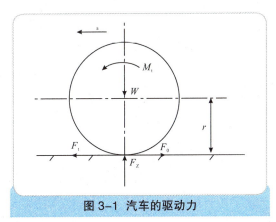

图 3-1　汽车的驱动力

若发动机输出的有效转矩为 M_e，变速器的传动比为 i_k，主减速器的传动比为 i_0，传动系的机械效率为 η_T，则上式可表示为

$$F_t = \frac{M_e i_k i_0 \eta_T}{r}$$

对于装有分动器、轮边减速器和液力传动机构等装置的汽车，应计入相应的传动比和机械效率。由上式可知，汽车的驱动力 F_0 与发动机的有效转矩、传动系的各传动比及传动系的机械效率成正比，与车轮半径成反比。

一、发动机的有效转矩

发动机的有效转矩可根据其使用外特性确定。使用外特性曲线是带上全部附件时通过发动机的台架试验得出的。

台架试验是在发动机工况相对稳定，即保持水、机油温度于规定的数值，并且在各个转速不变的情况下测得的转矩、油耗数值。在实际使用中，发动机的工况通常是不稳定的，发动机的热状况、

可燃混合气的浓度与台架试验有显著差异。所以，在不稳定工况下，发动机所提供的有效功率要比稳定工况时低5%～8%。由于发动机工况变化时有效功率不易测量，所以在进行动力性估算时，一般沿用台架试验稳定工况时所测得的使用外特性中的有效功率和有效转矩曲线。

二、传动系的机械效率

发动机的有效功率为P_e，经传动系在传动过程中损失的功率为P_T，则驱动轮得到的功率仅为$P_e - P_T$，那么传动系的机械效率定义为

$$P_T = \frac{P_e - P_T}{P_e} = 1 - \frac{P_T}{P_e}$$

传动系内损失的功率P_T是在离合器、变速器、传动轴、主减速器、驱动轮轴承等处机械损失和液力损失功率的总和，其中变速器和主减速器损失的功率所占比例最大。

机械损失是指齿轮传动副、轴承、油封等处的摩擦损失，其大小主要取决于啮合齿轮的对数、传递转矩的大小及装配加工的精度等。

液力损失是指由润滑油的搅动、润滑油与旋转零件表面的摩擦等产生的功率损失。其大小主要取决于转速、润滑油黏度、工作温度和油面的高度等。

虽然P_T受到多种因素影响，但在动力性计算时，只把它取为常数：一般轿车取0.9～0.92，单级主传动载货车取0.85，驱动形式为4×4的汽车取0.85，驱动形式为6×6的汽车取0.8。

三、车轮半径

充气轮胎的车轮，在不同状况下有不同的半径。处于无负荷状态下的车轮半径称为自由半径；在车辆自重作用下，轮心到地面的距离称为静力半径r_s；在满载行驶状态下，根据车轮滚过的圈数n_W和汽车驶过的距离s(m)计算出来的半径称为滚动半径r_r，即

$$r_r = \frac{s}{2 \pi n_W}$$

> ◎ 注意
>
> 对汽车进行运动学分析时，应采用滚动半径r_r；而进行动力学分析时，应采用静力半径r_s；进行粗略分析时，通常不计其差别，统称为车轮半径r，即认为
>
> $$r_r = \approx r_s \approx r$$

四、汽车的驱动力图

根据发动机外特性确定的驱动力与车速之间的函数关系曲线$F_t - v_a$来全面表示汽车的驱动力的示意图，称为汽车的驱动力图。设计中的汽车有了发动机的外特性曲线、传动系的传动比、机械效率、车轮半径等参数后，即可用驱动力公式$F_t = \dfrac{M_e i_k i_0 \eta_T}{r}$求出各个挡位的$F_t$值，再根据发动机转速与汽车行驶速度之间的关系求出$v_a$，即可求得各个挡位的$F_t - v_a$曲线，即为汽车的

驱动力图。它直观地显示了驱动力随车速变化的规律。对应于不同的挡位，有不同的驱动力图。在发动机使用外特性曲线、传动系传动比、机械效率、车轮半径等参数已知或确定后，就可作出汽车的驱动力图，如图 3-2 所示。

具体步骤如下：

1）建立直角坐标，横坐标为车速移 v_a，纵坐标为驱动力 F_t。

2）在使用外特性曲线上每隔 200 ~ 400 r/min 取点（M_e，n），并计算在某一挡位下，发动机处于各状态时的驱动力和车速。

$$v_a = 0.377 \frac{r_n}{i_k i_0}$$

3）在 F_t-v_a 坐标上作出相应的点，将所得的点连成圆滑的曲线，就得到了该挡位下的驱动力曲线。对应不同的挡位，有不同的驱动力曲线。

由于所作的驱动力图是根据发动机的使用外特性曲线制成的，它表示该挡位在该速度下的最大的驱动力，当节气门开度减小时，相对应的驱动力也减小，故曲线下方的区域都可称为汽车的实际工作区。

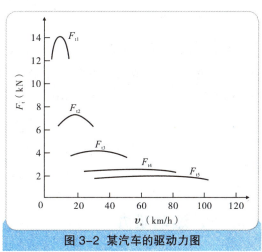

图 3-2 某汽车的驱动力图

任务三 汽车的行驶阻力

汽车在水平道路上等速行驶时必须克服来自地面的滚动阻力 F_f 和来自空气的空气阻力 F_w；当汽车在坡道上上坡行驶时，还必须克服重力沿坡道方向的分力，称为坡道阻力 F_i；汽车加速行驶时还需要克服其惯性力，称为加速阻力 F_j。因此，汽车行驶的总阻力为

$$\sum F = F_f + F_w + F_i + F_j$$

上述各阻力中，滚动阻力和空气阻力是在任何行驶条件下都存在的，坡道阻力和加速阻力仅在一定行驶条件下存在。在水平道路上等速行驶时就没有加速阻力和坡道阻力。

一、滚动阻力

1. 滚动阻力的产生

滚动阻力是当车轮在路面上滚动时，两者之间相互作用力以及相应的轮胎和支撑面变形所产生的能量损失的总和。它包括道路塑性变形损失、轮胎弹性迟滞损失和其他损失，如轴承、油封损失、悬架零件间摩擦和减振器内损失等。

◎ 注意

汽车在松软路面上行驶时，滚动阻力主要是由路面变形引起的；汽车在硬路面上行驶时，滚动阻力主要是由轮胎变形引起的。

2. 滚动阻力的计算

汽车滚动阻力一般由下式计算：

$$F_f = Gf$$

式中　F_f——滚动阻力，N；
　　　G——汽车总重，N；
　　　f——滚动阻力系数。

滚动阻力系数 f，表示单位车重的滚动阻力。汽车在不同路面上的滚动阻力系数值是不一样的。图3-3所示为室内滚动阻力测试。

图3-3 室内滚动阻力测试

3. 影响滚动阻力系数的因素

滚动阻力系数的数值由试验确定。其数值与轮胎的结构、材料、气压和道路的路面种类、状况以及使用条件（如行驶速度与受力情况）等因素有关。

1) 轮胎的结构、帘布层数及橡胶品种对滚动阻力都有影响。在保证轮胎有足够的强度和寿命的前提下，减少帘布层数，可以使胎体减薄而减小滚动阻力系数。

◎ **注意**

> 子午线轮胎因帘布层数少，其滚动阻力系数较一般轮胎的滚动阻力系数小，而且随车速的变化小。胎面花纹磨损越严重，滚动阻力系数越小。

2) 轮胎气压对滚动阻力系数影响很大。气压降低时，在硬路面上轮胎变形大，因此滚动阻力系数增大；气压过高，在软路面上行驶时，路面产生很大塑性变形，将留下轮辙，同样使滚动阻力系数增大。

3) 路面的种类和状况不同，使滚动阻力系数在很大范围内变化。坚硬、平整而干燥的路面，滚动阻力系数最小。路面不平，滚动阻力系数将成倍增长。这是因为路面不平会引起轮胎和悬架机构的附加变形及减振器内产生的阻力要成倍地消耗能量。松软路面由于塑性变形很大，使滚动阻力系数增加很多。

车速在 50 km/h 以下时，不同路面上的滚动阻力系数见表 3–1。

表 3–1 不同路面上的滚动阻力系数

路面类型	滚动阻力系数	路面类型	滚动阻力系数
良好的沥青或混凝土路面	0.010 ~ 0.018	压紧的土路（潮湿）	0.050 ~ 0.150
一般的沥青或混凝土路面	0.018 ~ 0.020	泥泞路面（雨季或解冻期）	0.100 ~ 0.250
碎石路面	0.020 ~ 0.025	干沙路面	0.100 ~ 0.300
良好的卵石路面	0.025 ~ 0.030	湿沙路面	0.060 ~ 0.150
坑洼的卵石路面	0.035 ~ 0.050	结冰路面	0.015 ~ 0.030
压紧的土路（干燥）	0.025 ~ 0.035	压紧的雪道	0.030 ~ 0.050

4) 行车速度对滚动阻力系数影响很大。如图 3–4 所示，车速在 100 km/h 以下时，滚动阻力系数变化不大，在 100 km/h 以上时增长较快。车辆达到某一高速时，如 150 ~ 200 km/h，因轮胎将发生驻波现象，即轮胎周缘不再是圆形而呈明显的波浪状，当出现驻波后，滚动阻力系数显著增加。此外，轮胎的温度也很快增加，胎面与轮胎帘布层会产生脱落，出现爆胎现象，这对于高速行驶车辆来说是很危险的。

◎ **注意**

> 滚动阻力系数随着车速、轮胎气压等因素的变化而变化，但是在进行动力性分析计算时，通常把它看成定值，这是因为对汽车动力性的分析是在良好状况下进行的。

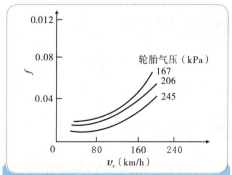

图 3–4 滚动阻力系数与行车速度的关系

在进行汽车动力性分析时,一般取良好硬路面的滚动阻力系数值。对于轿车,当 $v_a<50$ km/h 时,$f=0.0165$;当 $v_a>50$ km/h 时,f 值可按下式估算:

$$f = 0.0165 \times [1+0.01(v_a-50)]$$

载货汽车轮胎气压高,行驶速度低,其估算公式为

$$f = 0.0076 + 0.000056 v_a$$

在使用中,轮胎气压不足、前后轴的平行性差、前轮定位失准等都会使滚动阻力系数增加。当有侧向力作用时,如在转弯行驶时地面对轮胎产生侧向反作用力,引起轮胎的侧向变形,滚动阻力系数将大幅度增加。

应用表3-1时,对于轿车,若轮胎气压较低,轮胎变形较大,其滚动阻力系数值应偏向上限;对于载货汽车,若轮胎气压较高,其滚动阻力系数值应偏向下限。

二、空气阻力

汽车在空气介质中行驶时,受到的空气作用力在行驶方向上的分力称为空气阻力,如图3-5所示。

1. 空气阻力的组成

空气阻力包括摩擦阻力和压力阻力两大部分。摩擦阻力是由于空气的黏性在车身表面产生的切向力的合力在行驶方向的分力。摩擦阻力与车身的表面粗糙度及表面积有关。

压力阻力是作用在汽车外形表面上的法向压力的合力在行驶方向上的分力。它包括下列4部分。

图3-5 空气阻力

(1) 形状阻力

汽车行驶时,空气流经车身,在汽车前方的空气相对被压缩,压力升高,车身尾部和圆角处空气压力较低,形成涡流,引起负压。由于汽车前后部压力差所引起的阻力称为形状阻力。形状阻力的大小与车身主体形状有很大关系,如车头、车尾的形状及风窗玻璃的倾角等。

(2) 干扰阻力

凸出于车身表面的部分所引起的空气阻力称为干扰阻力,如门把手、后视镜、翼子板、悬架导向杆、驱动轴等。

(3) 诱导阻力

汽车上下部压力差(即升力)在水平方向的分力称为诱导阻力。

（4）内循环阻力

发动机冷却系、车身内通风道等需空气流经车体内部时形成的阻力称为内循环阻力。

以上阻力的合力在汽车行驶方向上的分力即为空气阻力。以轿车为例，这几部分阻力所占比例如表 3-2 所示。

表 3-2 空气阻力的组成

组成	摩擦阻力	形状阻力	干扰阻力	诱导阻力	内循环阻力
比例	8%～10%	55%～60%	12%～18%	5%～8%	10%～15%

2. 空气阻力的计算

在汽车行驶速度范围内，无风的情况下以速度 v_a 行驶时，空气阻力通常按下式计算：

$$F_w = \frac{C_D A v_a^2}{21.15}$$

式中　C_D——空气阻力系数，主要取决于车身形状；
　　　A——汽车迎风面积，m^2；
　　　v_a——汽车与空气的相对速度，m/s。

由上式可知，空气阻力与空气阻力系数 C_D 及迎风面积 A 成正比。但迎风面积 A 值受乘坐和使用空间的限制，不能过多地减小，所以降低空气阻力系数 C_D 是降低空气阻力的主要手段。

3. 空气阻力系数 C_D

空气阻力系数 C_D 值和汽车外形关系极大，这就要求汽车外形的流线型好。值可通过风洞试验测定。根据现代空气动力学的原理，轿车车身常采用下列方法降低 C_D 值，如图 3-6 所示。

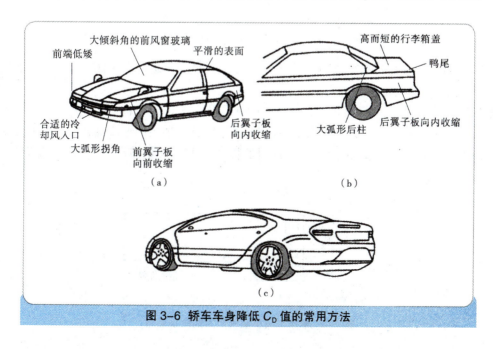

图 3-6　轿车车身降低 C_D 值的常用方法

(1)整车

在汽车侧视图上,车身应前低后高,呈 1°～2°。这可减少流入汽车底部的空气量,使 C_D 值下降,并可减少升力。在俯视图上,车身两侧应为腰鼓形,前端呈半圆状,后端有些收缩。

(2)车身前部

发动机罩向前下方倾斜,面与面的交接处为大圆弧的圆柱面。风窗玻璃为圆弧状,尽可能"躺平"且与中部拱起的车顶盖圆滑过渡。前后支柱应圆滑,窗框高出玻璃面的程度应尽可能小。尽量用埋入式前照灯、小灯和门把,灯的玻璃罩与车头、车尾组成圆滑的整体。后视镜等凸出物的形状应接近流线型。拱形保险杠与车头连成连续圆滑的整体。在保险杠之下安装合适的扰流板。

(3)车身后部

在汽车侧视图上,后风窗玻璃与水平线呈 25°夹角以下的为快背式车身,呈 25°～50°夹角的称为舱背式车身。在其后端装有扰流板。它具有阻滞作用,使流过车身上表面气流的速度降低,从而降低了垂直于后窗表面的负压力的绝对值,使空气阻力减小。

在外观上有行李箱的称为折背式车身,它的后风窗玻璃与水平线尽可能呈 30°,并采用短而高的行李箱,应有鸭尾式机构,参见图 3-6。

(4)车身底部

所有零部件在车身下应尽量齐平,最好有平滑的底板盖住底部。盖板从车身中部或从车轮之后上翘约 6°,这可顺利地引导车身下的气流流向尾部,减少在车尾后形成的涡流,使 C_D 值下降。

(5)发动机冷却进风系统

恰当地选择进出风口位置、尺寸和形状,很好地设计通风道,在保证冷却效果的前提下,尽量减小气流内循环阻力。

随着高速公路的发展,载货汽车的外形设计也采用了减小 C_D 值的方法。驾驶室顶盖、风窗玻璃及前脸在侧视图上具有较大的圆弧,特别是整个驾驶室装用的导流板装置,可大幅度减小 C_D 值。试验表明,半挂车采用图 3-7 所示的附加装置,可使 C_D 值减小 30%。

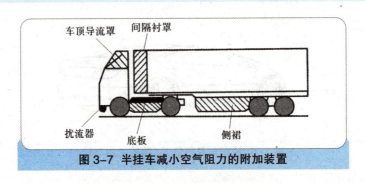

图 3-7 半挂车减小空气阻力的附加装置

三、坡道阻力

当汽车上坡行驶时，汽车重力在平行于路面方向的分力称为汽车的坡道阻力，用 F_i 与表示，如图 3-8 所示。坡道阻力 F_i 与汽车重力 G 及坡度角 α 的关系为

$$F_i = G\sin\alpha$$

道路坡度常用坡高 h 与底长 s 之比的百分数来表示，即

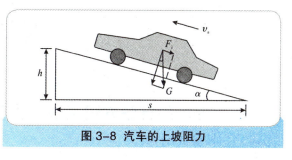

图 3-8 汽车的上坡阻力

$$F_i = \frac{h}{s} \times 100\% = \tan\alpha$$

我国各级公路及高速公路允许的纵向坡度一般较小。当 $\alpha < 15°$ 时，可认为 $\sin\alpha \approx \tan\alpha \approx i$，则 $F_i = G_i$。

由于坡道阻力与滚动阻力均属于与道路有关的阻力，而且均与车重成正比，故有时把这两种阻力合在一起称为道路阻力，用 $F\Psi$ 表示，即

$$F_\Psi = F_f + F_i$$

在坡道上，滚动阻力为

$$F_f = fG\cos\alpha$$

所以，道路阻力为

$$F_\Psi = G(f\cos\alpha + \sin\alpha)$$

令 $\Psi = f\cos\alpha + \sin\alpha$（$\Psi$ 称为道路阻力系数，表示单位车重的道路阻力），当 α 较小时，则

$$F_\Psi = G\Psi$$

四、加速阻力

汽车加速行驶时，需要克服其加速运动时的惯性力，就是加速阻力 F_j。为便于计算，通常把汽车的质量分为平移质量和旋转质量两部分。加速时不仅平移质量产生惯性力，旋转质量还要产生惯性力偶矩。为便于计算，一般把旋转质量的惯性力偶矩转化为平移质量的惯性力，并以系数 δ 作为计入旋转质量的惯性力偶矩后的汽车质量换算系数，因而汽车加速阻力 F_j 可写成

$$F_j = \delta \frac{G}{g} \frac{dv}{dt}$$

式中　　δ——汽车旋转质量换算系数，$\delta > 1$；
　　　　G——汽车重力，N；
　　　　g——重力加速度，m/s^2；
　　　　$\dfrac{dv}{dt}$——行驶加速度，m/s^2。

δ 主要与飞轮的转动惯量、车轮的转动惯量以及传动系的传动比有关。

任务四 汽车的动力性分析

一、汽车的行驶方程及驱动条件

汽车只有克服各种行驶阻力才能正常行驶。表示汽车驱动力与行驶阻力之间关系的等式称为汽车的驱动力平衡方程（见图3-9），即汽车的行驶方程：

$$F_t = F_f + F_w + F_i + F_j$$

式中　F_t——汽车的驱动力；
　　　F_f——汽车的滚动阻力；
　　　F_w——空气阻力；
　　　F_i——汽车的坡度阻力；
　　　F_j——汽车的加速阻力。

式中说明了汽车行驶中驱动力与行驶阻力的平衡关系。当汽车的驱动力等于滚动阻力、空气阻力和坡道阻力之和时，汽车匀速行驶；当驱动力大于后三者时，汽车才能起步或加速行驶；当驱动力小于后三者时，汽车无法起步或减速行驶。所以汽车行驶的驱动条件为

图3-9 汽车行驶方程示意

$$F_t \geqslant F_f + F_w + F_i$$

该式称为汽车的驱动条件，它是汽车行驶的必要条件，但还不是汽车行驶的充分条件。

当发动机的转速特性、变速器的传动比、主减速比、传动效率、车轮半径、空气阻力系数、汽车迎风面积以及汽车质量等初步确定后，便可使用此式分析汽车在附着性能良好的典型路面（混凝土、沥青路面）上的行驶能力，即确定汽车在节气门全开时可能达到的最高车速、加速能力和爬坡能力。

为了清晰而形象地表明汽车行驶时的受力情况及其平衡关系，一般是将汽车的行驶方程式用图解法来进行分析的，即在汽车驱动力图上把汽车行驶中经常遇到的滚动阻力和空气阻力曲线也画上，作出汽车驱动力-行驶阻力平衡图，并以它来确定汽车的动力性。图3-10为一辆有四挡变速器汽车的驱动力-行驶阻力平衡图。图上既有各挡的驱动力，又有滚动阻力以及滚动阻力和空气阻力叠加后得到的力的行驶阻力曲线。

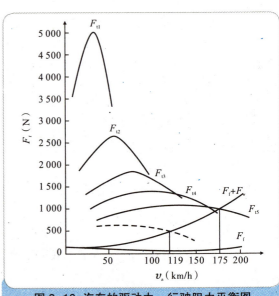

图3-10 汽车的驱动力-行驶阻力平衡图

二、汽车的附着条件及附着力

1. 汽车的附着条件

要提高汽车的动力性，可以采用增加发动机转矩、加大传动系传动比等措施以增大汽车的驱动力来实现。但是，这些措施只有在驱动轮与路面不发生滑转现象时才有效。如果驱动轮在路面滑转，则增大驱动力只会使驱动轮加速旋转，地面切向反作用力并不会增加，汽车仍不能行驶。这种现象说明地面作用在驱动轮上的切向反作用力受地面接触强度的限制，并不能随意加大，即汽车行驶除受驱动条件制约外，还受轮胎与地面附着条件的限制。

地面对轮胎切向反作用力的极限值称为附着力，记作 F_φ。在硬路面上附着力取决于轮胎与路面间的相互摩擦，它与驱动轮法向反作用力 F_z 成正比，常写成

$$F_\varphi = F_z \varphi$$

式中　φ——附着系数。

它是由轮胎和路面的结构特性决定的，表示轮胎与路面的接触强度。

在硬路面上，附着系数反映轮胎与路面的摩擦作用。当轮胎与路面接触时，路面的坚硬微小凸起能嵌入变形的轮胎中，增加了轮胎与路面的接触强度，对轮胎滑转有一定的阻碍作用。

在松软路面上，附着系数 φ 值不仅取决于轮胎与土壤间的摩擦作用，同时还取决于土壤的抗剪强度。因为只有当嵌入轮胎花纹沟槽的土壤被剪切脱开基层时，轮胎在接地面积内才产生相对滑动，车轮发生相对滑转。

因此，地面切向反作用力不能大于附着力，否则会发生驱动轮滑转，汽车将不能行驶，即必须满足以下条件：

$$F_t \geq F_\varphi = F_z \varphi$$

此为汽车行驶的第二个条件——附着条件。综合汽车的驱动条件与附着条件，则得

$$F_f + F_w + F_i \leq F_t \leq F_z \varphi$$

这就是汽车行驶的必要与充分条件，称为汽车行驶的驱动-附着条件。

2. 汽车的附着力

汽车的附着力 F_φ 取决于附着系数以及地面作用于驱动轮的法向反作用力 F_z。

（1）附着系数

附着系数主要取决于路面的种类与状况、轮胎的结构与气压以及其他一些使用因素。

① 路面种类与状况

坚硬路面的附着系数较大，路面的坚硬微小凸起部分嵌入轮胎的接触面，使接触强度增大。长期使用已经磨损的轮胎和风化的路面会使附着系数降低。气温升高时，路面硬度下降，附着系数也会下降。路面被细沙、尘土、油污等覆盖，都会使附着系数下降。

松软土壤的抗剪强度较低，其附着系数较小。对于潮湿、泥泞的土路，土壤表层因吸水量多，其抗剪强度更差，附着系数下降很多，这是汽车越野行驶困难的原因之一。

路面的结构对排水能力也有很大影响。路面的宏观结构应具有一定的不平度，而且具有自动排水的能力；路面的微观结构应是粗糙的，而且有一定的尖锐棱角，以穿透水膜直接与胎面接触。

② 轮胎的结构与气压

轮胎花纹对附着系数的影响也较大。具有细而浅花纹的轮胎在硬路面上有较好的附着能力；具有宽而深花纹的轮胎在软路面上使附着能力有所提高。增加胎面的纵向花纹，在干燥的硬路面上，由于接触面积减小，附着系数会有所下降；但在潮湿的路面上，有利于挤出接触面中的水分，可以改善附着能力。

为了提高轮胎的"抓地"能力，现在的轮胎胎面上常有纵向的曲折大沟槽，胎面边缘上有横向沟槽，使轮胎在纵向、横向均有较好的"抓地"能力，又提高了在潮湿地面上的排水能力。宽断面和子午线轮胎由于与地面的接触面积增大，附着系数较高。

轮胎的磨损会使胎面花纹深度减小，附着系数将显著下降。

降低轮胎气压，可使硬路面的附着系数略有增加，所以采用低压胎可获得较好的附着性能。在松软的路面上，降低轮胎气压，则轮胎与土壤的接触面积增加，胎面凸起部分嵌入土壤的数目也增多，因而附着系数显著提高。如果同时增加车轮轮辋的宽度，则效果更好。对于潮湿的路面，适当提高轮胎气压，使轮胎与路面的接触面积减小，有助于挤出接触面间的水分，使轮胎得以与路面较坚实的部分接触，因而可提高附着系数。

③ 汽车行驶速度

汽车行驶速度提高时，多数情况下附着系数是降低的。在硬路面上提高行驶速度时，由于路面微观凹凸构造来不及与胎面完善地嵌合，所以附着系数有所降低。在潮湿的路面上提高车速时，由于接触面间的水分来不及排出，所以附着系数显著降低。在软土壤上，由于高速车轮的动力作用容易破坏土壤的结构，所以提高行驶速度对附着系数产生极不利的影响。只有在结冰的路面上，车速高时，与轮胎接触的冰层受压时间短，因而在接触面间不容易形成水膜，故附着系数略有提高。但要特别注意，在冰路上提高行驶速度会使行驶稳定性变坏。

④ 车轮相对于地面的滑转率

车轮相对于地面的滑转率可用下式表示，即

$$S = \frac{r\omega - v_a}{r\omega}$$

式中　r——车轮半径；
　　　ω——车轮角速度；
　　　v_a——车速。

驱动轮纵向附着系数及侧向附着系数与滑转率的关系如图3-11所示。当驱动轮滑转率 S_x 从0开始增加时，纵向附着系数 φ_x 也随之增加，当 S_x 达到 S_T（一般为 0.08~0.30）时，纵向附着系数达到最大值 $\varphi_{x\max}$，此后，如果 S_x 继续增加，纵向附着系数 φ_x 反而随之下降，当 S_x 达到1

时,即车轮发生纯滑转时,其纵向附着系数要远远小于φ_{xmax},所以从动力性上考虑,驱动轮的滑转率最好处于S_T的一个小领域内。但同时考虑到车辆侧向附着系数随纵向滑转率的增大而急剧减小,所以从侧向附着系数上考虑,并注意到车辆的方向稳定性,一般认为驱动轮的最佳滑转率在小于S_T的范围内,可取0.08~0.15。

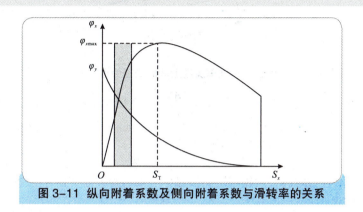

图3-11 纵向附着系数及侧向附着系数与滑转率的关系

⑤汽车驱动防滑控制系统

汽车驱动防滑控制系统(或称汽车牵引力控制系统)就是通过控制车轮的滑转率,从而提高汽车的驱动力和车辆的方向稳定性的。

汽车驱动防滑控制的主要控制方式如下:

● 发动机输出转矩调节。通过减小点火提前角,减少供油或暂停供油,从而使发动机输出转矩减少,S_T降低。

● 驱动轮制动力矩调节。在车轮发生打滑时,在驱动轮上施加制动力矩,使车轮转速降至最佳的滑转率范围内。

● 差速器锁止控制。当路面两侧附着系数φ差别较大时,附着系数低的一侧驱动轮发生滑转时,电子控制装置驱动锁止阀,一定程度地锁止差速器,使附着系数高的一侧驱动轮的附着系数得以充分发挥,车速和行驶稳定性获得提高。

● 离合器控制或变速器控制。离合器控制是指当发现汽车驱动轮发生过度滑转时,减弱离合器的接合程度,使离合器主、从动盘出现部分相对滑转,从而减小传输到半轴的发动机输出转矩;变速器控制是指通过改变传动比来改变传递到驱动轮的驱动转矩,以减小驱动轮的滑转程度。

综上所述,附着系数受一系列因素的影响。在一般动力性计算中只用附着系数的平均值。在良好的混凝土或沥青路面上,路面干燥时附着系数φ值为0.7~0.8,路面潮湿时φ值为0.5~0.6;干燥的碎石路φ值为0.6~0.7;干燥的土路φ值为0.5~0.6,潮湿土路φ值为0.2~0.4。

(2)车轮的地面法向反作用力

附着力与地面对车轮的法向反作用力成正比,而驱动轮的地面反作用力与汽车的总体布置、行驶状况及道路坡度有关。图3-12为汽车加速上坡时的受力图。

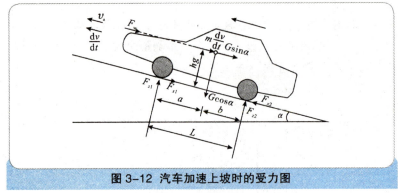

图 3-12 汽车加速上坡时的受力图

G—汽车重力；h_g—汽车质心高度；$\dfrac{dv}{dt}$—汽车加速度；F_{z1}、F_{z2}—前、后车轮的地面法向反作用力；F_{x1}、F_{x2}—前、后车轮的地面切向反作用力；L—汽车轴距；a、b—汽车质心到前、后轴的距离；α—坡度角

若将作用在汽车上各力对前、后轮与道路接触中心取力矩（将质心与空气阻力中心近似看做重合，$\cos\alpha \approx 1$），则得

$$F_{z1} = \frac{Gb - (F_i + F_j + F_w)h_g}{L}$$

$$F_{z2} = \frac{Ga - (F_i + F_j + F_w)h_g}{L}$$

式中 $\dfrac{Gb}{L}$、$\dfrac{Ga}{L}$——汽车在水平路面上静止时前、后轴上的静载荷；

$\dfrac{(F_i + F_j + F_w)h_g}{L}$——行驶中产生的动载荷。

当汽车上坡或加速时，前轮载荷减小，而后轮载荷增加；当汽车下坡或减速时，载荷变化与此相反。

由此可见，在一定附着系数的路面上，不同驱动方式的汽车具有不同的汽车附着力。后轮驱动的汽车在上坡和加速时，其驱动轮的法向反作用力大，驱动轮的附着力大，能得到的驱动力大，其加速能力和上坡能力好。

当四轮驱动汽车前、后驱动轮附着力的分配刚好等于其前、后车轮法向反作用力的分配时，得到的附着力最大。

◎ 注意

通常说只有全轮驱动汽车才有可能充分利用整部汽车的重力来产生汽车附着力，这是不准确的。该说法成立的前提条件是汽车前、后驱动轮附着力的分配刚好等于其前、后车轮法向反作用力的分配，因此并不是任何情况下都能充分地利用整部汽车的重力来产生附着力。

三、影响汽车动力性的主要因素

1. 发动机性能

发动机功率越大，汽车的动力性越好。设计中发动机最大功率的选择必须保证汽车预期的最高车速。

最高车速越高,要求的发动机功率越大,其后备功率也越大,加速爬坡能力必然较好。但发动机功率不宜过大,否则在常用条件下,发动机负荷过低,燃料消耗将会增加。

2. 传动系的参数

传动系机械效率和变速器的挡数对汽车动力性有较大影响。

发动机的动力在传送过程中必然存在损失。动力损失越小,发动机有效功率就会更多地转变为驱动功率,说明传动系机械效率高,汽车动力性好。

变速器挡数增加,发动机在接近最大功率工况下的工作机会增加,发动机的平均功率利用率高,可得到的后备功率大。例如,在两挡变速器的一挡与直接挡之间增加两个挡位时,汽车的最高车速和最大爬坡度均不变。但在一定的速度范围,可利用的后备功率增大了,有利于汽车的加速和上坡。为了改善动力性能,通常重型货车使用组合式变速器,其挡位可多达9~10个前进挡。

另外,减小空气阻力系数、减轻汽车的质量和选用滚动阻力系数小的轮胎,将使汽车的行驶阻力减小;在日常使用中,应注意定期润滑传动件,采用适当的轮胎气压及定期对底盘进行检查调整,都可使汽车的动力性得到改善。

四、汽车的功率平衡

1. 功率平衡方程式

汽车在行驶中,不仅驱动力与行驶阻力互相平衡,在每一瞬时,发动机发出的有效功率 P_e 始终等于机械传动损失功率与全部运动阻力所消耗的功率,这就是汽车的功率平衡。其功率平衡方程式为

$$P_e = \frac{1}{\eta_T}(P_f + P_w + P_i + P_j)$$

式中　P_f——滚动阻力消耗功率;
　　　P_i——上坡阻力消耗功率;
　　　P_w——空气阻力消耗功率;
　　　P_j——加速阻力消耗功率;
　　　v_a——汽车的行驶速度,km/h。

2. 功率平衡图

与驱动力-行驶阻力平衡图类似,功率平衡方程式也可以用曲线图来表示,称为功率平衡图。图3-13为一辆三挡汽车的功率平衡图。

在图3-13中,最高挡时发动机功率 $(P_f+P_w)/\eta_T$ 曲线与阻力功率曲线相交点的车速,便是汽车在良好水平路面上行驶的最高车速 v_{amax}。

当汽车在良好水平路面上以 v_a' 的速度等速行驶时,汽车的阻力功率为线段 bc。此时,驾驶员控制节气门在某一开度,发动机功率如图3-13中虚线所示,以维持汽车等速行驶。

但是汽车在最高挡行驶速度为 v_a' 时,发动机能产生的最大功率为线段 ac,线段 ab 可用来加速或爬坡。我们称 $P_e-(P_f+P_w)/\eta_T$ 为汽车的后备功率。

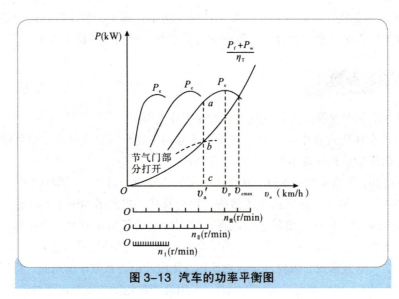

图 3-13 汽车的功率平衡图

这就是说，在一般情况下维持汽车等速行驶所需发动机功率并不大，节气门开度较小。当需爬坡或加速时，驾驶员加大节气门开度，使汽车的全部或部分后备功率发挥作用。因此，汽车后备功率越大，其加速能力、爬坡能力越强，汽车的动力性越好。

利用功率平衡定性地分析设计与使用中有关动力性问题比较清晰简便，同时也能很清楚地看出行驶时发动机的负荷率的变化，所以对汽车燃油经济性的分析也比较方便。

任务五　汽车动力性的检测

一、汽车动力性检测项目与有关标准

汽车动力性检测项目主要有加速性能检测、最高车速检测、滑行性能检测、发动机输出功率检测、汽车底盘输出功率检测。

二、汽车动力性的检测方法

汽车动力性的检测方法可分为台架检测与道路检测两种。

1. 台架检测

汽车动力性室内台架试验的方式主要是用无外载测功仪检测发动机功率，用底盘测功机检测汽车的最大输出功率、最高车速和加速能力。室内台架试验不受气候、驾驶技术等客观条件的影响，只受测试仪本身测试精度的影响，测试条件易于控制，所以汽车检测站广泛采用汽车动力性室内台架试验方式。为了取得精确的测量结果，底盘测功机的生产厂家，应在说明书中给出该型底盘测功机在测试过程中本身随转速变化机械摩擦所消耗的功率，对风冷式测功机还需给出冷却风扇随转速变化所消耗的功率。另外，由于底盘测功机的结构不同，对汽车在滚筒上模拟道路行驶时的滚动阻力也不同，在说明书中还应给出不同尺寸的车轮在不同转速下的滚动阻力系数值。

（1）汽车底盘输出功率的检测方法

通过底盘测功机检测车辆的最大底盘驱动功率，用以评定车辆的技术状况等级。
● 在动力性检测之前，必须按汽车底盘测功机说明书的规定进行试验前的准备。台架举升器应处于升状态，无举升器者滚筒必须锁定；车轮轮胎表面不得夹有小石子或坚硬之物。
● 汽车底盘测功机控制系统、道路模拟系统、引导系统、安全保障系统等必须工作正常。
● 在动力性检测过程中，控制方式处于恒速控制，当车速达到设定车速（误差 ±2km/h）并稳定 5s 后（时间过短，检测结果重复性较差），计算机方可读取车速与驱动力数值，并计算汽车底盘输出功率。
● 输出检测结果。

（2）发动机功率的检测方法

用发动机无外载测功仪检测发动机功率，使用方便，检测快捷，在规范操作的前提下，可为发动机动力性检测与管理提供有效依据，还可以用于同一发动机调试前后、维修后的功率对比，因此也得到广泛使用。
- 起动发动机并预热至正常状态，与此同时接通无外载测功仪电源，连接传感器。
- 按仪器使用说明书进行操作。
- 从测功仪上读取(或算成)发动机的功率值。

(3) 数据处理

① 检测的数据处理

目前底盘测功机显示的数值，有的是功率吸收装置的吸收功率的数值，有的则是驱动轮输出的最大底盘输出功率 P_{Dmax} 的数值。对于显示功率吸收装置所消耗功率 P_g 数值的，在检测结果的数据处理时，必须增加汽车在滚筒上滚动阻力所消耗的功率 P_f、台架机械阻力所消耗的功率 P_t 及风冷式功率吸收装置冷却风扇所消耗的功率 P_s，其计算式应为

汽车底盘最大输出功率 P_{Dmax} = 功率吸收装置所消耗的功率 P_g + 滚动阻力所消耗的功率 P_f + 台架机械阻力所消耗的功率 P_t + 风冷式功率吸收装置冷却风扇所消耗的功率 P_s

② 检测发动机最大输出功率的数据处理

依据《汽车技术等级评定标准》的规定，所测发动机最大输出功率应与发动机的额定功率相比较。为此，发动机最大输出功率的计算式应为

发动机最大输出功率 P_{max} = 附件消耗功率 P_1 + 传动系消耗功率 P_2 + 底盘最大输出功率 P_{Dmax}

所以，在测得底盘最大输出功率 P_{Dmax} 之后，应增加传动系消耗功率 P_2 及附件消耗功率 P_1，才可确定发动机最大输出功率 P_{max}。若该汽车发动机额定功率为净功率，不包括发动机附件消耗功率 P_1，则处理后发动机最大输出功率 P_{max} 的数值为 $P_{max}=P_2+P_{Dmax}$。

用发动机无外载测功仪测得的发动机功率 P 为净功率，若该汽车发动机的额定功率为总功率，而不是净功率，则所测得的功率 P 应加发动机附件消耗功率 P_1 后才可与额定功率相比较。

2. 道路检测

通过道路试验分析汽车动力性能，其结果接近于实际情况。汽车动力性道路试验的检测项目一般有高挡加速时间、起步加速时间、最高车速、陡坡爬坡车速、长坡爬坡车速，有时为了评价汽车的拖挂能力，还应进行汽车牵引力检测。另外，有时为了分析汽车动力的平衡问题，采用高速滑行试验以测定滚动阻力系数 f 及空气阻力系数 C_D。但由于道路试验受到道路条件、风向、车速、驾驶技术等因素的影响，而且这些因素可行性差，同时还需要按规定条件选用或建造专门的道路等，因此汽车维修、检测部门一般不采用道路试验进行动力性能检测。

三、汽车底盘测功台的结构和工作原理

底盘测功台是一种不解体检验汽车性能的检测设备，它通过在室内台架上模拟道路行驶工况的方法来检测汽车的动力性，还可以测量多工况排放指标及油耗。底盘测功台通过滚筒模拟路面，

通过功率吸收加载装置来模拟道路行驶阻力，通过飞轮的转动惯量来模拟汽车的直线运动质量的惯量，故能进行符合实际的复杂循环试验，因而得到广泛应用。近年来，由于计算机技术的高速发展，为数据的采集、处理及试验数据的结果分析提供了有效的手段，同时为模拟道路状态准备了条件，加速了底盘测功台的发展，再加上各类专用软件的开发和应用，使汽车底盘测功台得到了广泛推广。

底盘测功台按照不同的分类方法，可以分为不同的类型。按测功装置中测功器形式不同，底盘测功台可以分为水力式、电力式和电涡流式3种；按测功装置中测功器冷却方式不同，底盘测功台可以分为风冷式、水冷式和油冷式3种；按滚筒装置承载能力不同，底盘测功台又可以分为小型（承载质量不大于3 t）、中型（承载质量大于3 t且不大于6 t）、大型（承载质量大于6 t且不大于10 t）和特大型（承载质量大于10 t）4种。

汽车底盘测功台主要由道路模拟系统、数据采集与控制系统、安全保障系统及引导系统等构成。

汽车在道路上运行过程中存在着运动惯性、行驶阻力。要在测功台上模拟汽车在道路上的运行工况，首先要解决模拟汽车整车的运动惯性和行驶阻力问题，这样才能用台架测试汽车运行状况的动态性能。为此，在该测功台上利用惯性飞轮的转动惯量来模拟汽车旋转体的转动惯量及汽车直线运动惯量，采用电磁离合器自动或手动切换飞轮的组合，在允许的误差范围内满足汽车惯量模拟。至于汽车在运行中所受的空气阻力、非驱动轮的滚动阻力及爬坡阻力等，则采用功率吸收加载装置来模拟。路面模拟是通过滚筒来实现的，即以滚筒表面取代路面，滚筒的表面相对于汽车作旋转运动。

滚筒式底盘测功台一般由滚筒装置、测功装置、飞轮机构、反拖装置、数据与控制系统、安全保障系统、举升装置、引导系统、控制和指示装置等组成。其机械部分的结构如图3-14所示。

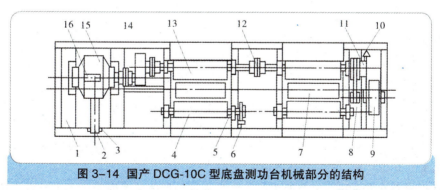

图3-14 国产DCG-10C型底盘测功台机械部分的结构

1—框架；2—测力杠杆；3—压力传感器；4—从动滚筒；5—轴承座；6—速度传感器；7—举升装置；8—传动带轮；9—飞轮；10—电刷；11—离合器；12—联轴器；13—主动滚筒；14—变速器；15—电涡流测功器；16—冷却水入口

1. 滚筒装置

底盘测功台的滚筒相当于连续移动的路面，被测车辆的车轮在其上滚动。滚筒有单滚筒和双滚筒之分，如图3-15所示。

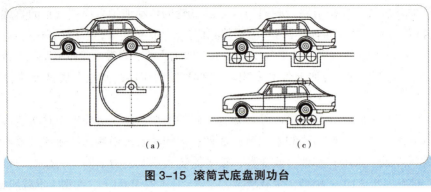

图 3-15 滚筒式底盘测功台

（a）单轴单滚筒式；（b）双轴双滚筒式；（c）单轴双滚筒式

（1）单滚筒检测台

支撑两边驱动车轮的滚筒各为单个的检测台，称为单滚筒检测台。单滚筒检测台的滚筒直径一般较大，大多在 1 500～2 500 mm。滚筒直径越大，车轮在滚筒上滚动就越像在平路上滚动，使轮胎与滚筒的滑转率小、滚动阻力小，因而测试精度较高。但加大滚筒直径会受到制造、安装、占地和费用等多方面的限制，因此滚筒直径不宜过大。

单滚筒检测台对车轮在滚筒上的安放、定位要求严格，而车轮中心与滚筒中心在垂直平面内的对中又比较困难，故使用不方便。所以，这种检测台仅适用于汽车制造厂、科研院所和大专院校科研性试验，不适用于汽车维修企业、汽车综合性能检测站的生产性试验。

（2）双滚筒检测台

支撑汽车两边驱动车轮的滚筒各为两个的检测台称为双滚筒检测台。

双滚筒检测台的滚筒直径比单滚筒小得多，一般在 185～400 mm。滚筒直径往往随检测台的最大试验车速而定，当最大试验车速高时，直径也相应大些。由于双滚筒检测台滚筒直径相对比较小，轮胎与滚筒的接触与在道路上不一样，致使滑转率增大，滚动阻力增大，滚损失增加，故测试精度较低。据有关资料介绍，在较高试验车速下，轮胎的滚动损失常达到传递功的 15%～20%，因此滚筒直径不宜太小。当滚筒直径太小时，长时间在较高试验车速下运转会使轮胎温度升高，致使胎面达到临界温度而可能导致早期损坏。因此，最大试验车速达 160 km/h 时，滚筒直径不应小于 300 mm；试验车速达 200 km/h 时，滚筒直径不应小于 350 mm。近年来，滚筒直径已有变大的趋势，可高达 530 mm。

双滚筒检测台具有车轮在滚筒的安放、定位方便和制造成本低等优点，因而适用于汽车维修企业和汽车综合性能检测站等生产单位，尤其是单轴双滚筒式检测台得到了广泛应用。双滚筒检测台的滚筒多采用钢质材料制成，采用空心结构。按其表面形状不同，又有光滑式、滚花式、沟槽式和涂覆层式等多种形式。目前，光滑式滚筒和涂覆层式滚筒应用最多，滚花式滚筒和沟槽式滚筒应用较少。光滑式滚筒表面的摩擦因数较低，而涂覆层式滚筒是在光滑式滚筒表面上涂覆摩擦因数与道路实际情况接近一致的材料制成的，是一种比较理想的滚筒形式。

单滚筒检测台的滚筒多采用硬质木料或钢板制成，也采用空心结构。

双滚筒式底盘测功台的滚筒有主、副滚筒之分。与测功器相连的滚筒为主滚筒，左右两个主滚筒之间装有联轴器，左右两边的副滚筒处于自由状态。

不管哪种类型的滚筒，均要经过动平衡试验，并通过滚动轴承安装在框架上，可以高速旋转而不振动。框架是底盘测功台机械部分的基础，由型钢焊接而成，坐落并固定在地坑内。

车轮与滚筒中心连线与车轮中心的铅垂线间的夹角称为滚筒的安置角，如图3-16所示。滚筒的安置角大小与滚筒大小、滚筒中心距及轮胎半径有关，滚筒直径越大，车轮直径越大，安置角越小；滚筒中心距越大，安置角越大。所以不同吨位级的汽车底盘测功台适应不同范围的轮胎尺寸。GB/T 17993—2005《汽车综合性能检测站能力的通用要求》规定，滚筒的安置角不得小于26°。

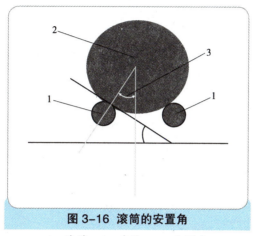

图3-16 滚筒的安置角

1—滚筒；2—车轮；3—安置角

2. 测功装置

测功装置能测量发动机经传动系传至驱动车轮的功率。测功装置也是加载装置，对于滚筒式底盘测功台是十分必要的。这是因为汽车在滚筒式底盘测功台上试验时，检测台应模拟车辆在道路上行驶所受的各种阻力，因此需要对滚筒加载，以使车辆的受力情况如同在实际道路上行驶一样。

测功装置由测功器和测力装置组成。滚筒式底盘测功台常用的测功器有水力测功器、电力测功器和电涡流测功器3种。不论哪种测功器，它们都是由转子和定子两大部分组成的，并且转子与主滚筒相连，而定子是可以摆动的。

汽车综合性能检测站和汽车维修企业使用的滚筒式底盘测功台，多采用电涡流测功器。电涡流测功器具有测量精度高、振动小、结构简单、易于调控等优点，并具有宽广的转速范围和功率范围。

(1) 电涡流测功装置的基本结构

电涡流测功装置的基本结构可分为水冷式和风冷式两种。

水冷式电涡流测功装置的基本结构如图3-17所示。

水冷式电涡流测功装置主要由转子（包括带齿状凹凸的感应子17、主轴7）和定子（包括作为磁轭的铁心、涡流环2、励磁绕组18、端盖3）组成。因其结构复杂，安装不方便，故应用较少。

风冷式电涡流测功装置的基本结构如图3-18所示。

风冷式电涡流测功装置主要由转子、定子、励磁线圈、支撑轴承、冷却风扇叶片、力传感器等组成。其特点如下：

● 结构简单，安装方便。
● 冷却效率低，不宜长时间运行，一般在高转速、大负荷下工作时间不宜超过数分钟。
● 冷却风扇在工作时消耗一定的功率，故应将此消耗的功率计入汽车底盘输出功率。

图3-17 水冷式电涡流测功装置的基本结构

1—励磁体；2—涡流环；3—端盖；4—轴承；5—测速传感器；6—联轴器；7—主轴；
8—滚动轴承；9—进水软管；10—进水口；11—排水口；12—线圈；13—轴承架；
14—油面指示器；15—油杯；16—出水管；17—感应子；18—励磁绕组

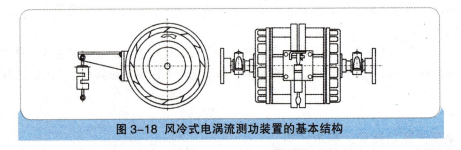

图3-18 风冷式电涡流测功装置的基本结构

（2）电涡流式测功装置的工作原理

电涡流式测功装置的工作原理如图3-19所示。

当励磁线圈通以直流电时，在转子与定子间隙就有磁力线通过，此间隙的磁通分布在转子

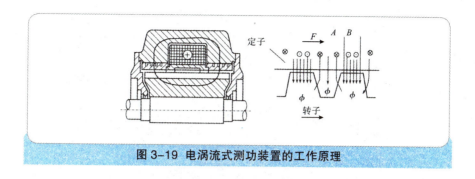

图 3-19 电涡流式测功装置的工作原理

齿顶处的密度最大,而通过齿槽处的磁通密度最小。当转子旋转时,由于转子的齿顶与齿槽断续通过励磁线圈的磁场,便引起磁通量的大小交替变化。由磁感应定理可知,此时在定子的涡流环内产生感应电动势,试图阻止磁通的减小,于是就有电涡流产生。电涡流产生后,一方面产生热量,消耗能量;另一方面会产生磁场,此磁场将阻碍转子旋转,即定子产生阻碍转子旋转的力。根据力的作用与反作用原理,转子同时产生对定子的作用力,此力试图推动定子旋转。于是此力便通过与定子处外壳相连接的力臂引入测力装置,从而可进行力矩测量。

当测功机转子以转速 n(r/min)转动,且给励磁线圈加一定的电流时,可摆动的定子外壳就产生一定的阻力矩 T(N·m),于是便可得到吸收功率 P:

$$P = Tn/9\,549 \text{ (kW)}$$

对于形式固定的底盘测功台及确定的车型,其滚动阻力所消耗的功率、台架机械阻力所消耗的功率及风冷式测功装置冷却风扇所消耗的功率为定值,可由试验测得。根据试验数据及测功机所测得的吸收功率,即可计算驱动轮输出的最大功率。

汽车底盘输出最大功率 = 测功装置所消耗的功率 + 滚动阻力所消耗的功率 + 台架机械阻力所消耗的功率 + 风冷式测功装置冷却风扇所消耗的功率

3. 飞轮机构

飞轮机构用于模拟汽车在道路上行驶时的动能,常采用离合器,以实现与滚筒的自由接合。飞轮机构通常具有一组多个飞轮,飞轮机构的转动惯量及其在各个飞轮上的分配应与所测车型加速能力试验和滑行能力试验的要求相适应。

汽车在道路上行驶时,汽车本身具有一定的惯性能,即汽车的动能;而汽车在底盘测功台上运行时,车身静止不动,车轮带动滚筒旋转,在汽车处于减速工况时,由于系统的惯量比较小,汽车很快就停止运行。所以检测汽车的减速工况和加速工况时,汽车底盘测功台必须配备惯性模拟系统,如图 3-20 所示。

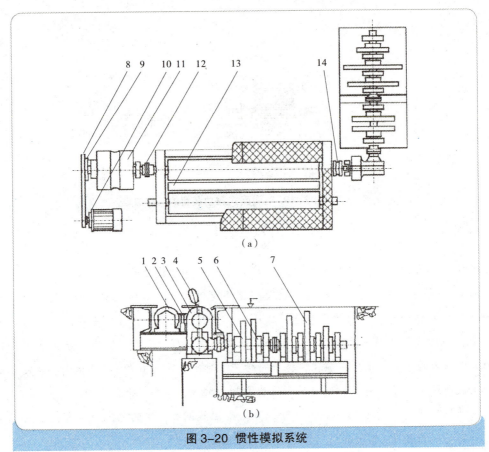

图 3-20 惯性模拟系统

1—滚筒；2—举升器；3—变速器；4—挡轮；5—小飞轮；6—电磁离合器；7—大飞轮；8—传动链；
9—超越离合器；10—拖动电动机；11—功率吸收装置；12—双排联轴器；13—举升板；
14—牙嵌式离合器

　　汽车底盘测功台台架转动惯量是通过飞轮来实现的。目前由于对汽车台架的惯量没有制定相应的标准，因而国产底盘测功台所装配的惯性飞轮的个数不同，且飞轮惯量的大小也不同，飞轮的个数越多，检测精度越高。

4. 反拖装置

　　反拖装置是采用反拖电动机带动功率吸收装置、滚筒、车轮以及汽车传动系的一种装置，如图 3-21 所示。其主要由反拖电动机、滚筒、车轮、转矩仪（或电动机悬浮测力装置）等组成。利用反拖装置，可以方便地检测汽车底盘测功台台架的机械损失，还可以检测汽车传动系、主减速器、车轮与滚筒的阻力损失等。但值得注意的是，在检测过程中，主减速器、车轮与滚筒的正向拖动与反向拖动阻力有差异，目前尚未得到广泛应用。

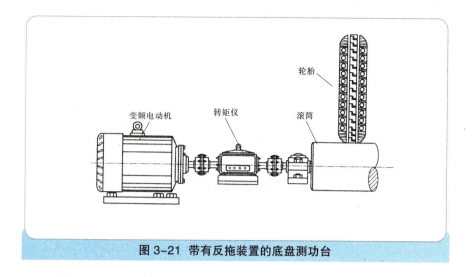

图 3-21 带有反拖装置的底盘测功台

5. 数据采集与控制系统

(1) 车速信号传感器

目前,国内检测线用的汽车底盘测功台所采用的车速信号传感器可以分为光电式、磁电式、霍尔式、测速电机式等几个类型,应用较多是磁电式和测速电动机式两种。

① 磁电式车速信号传感器

如图 3-22 所示,磁电式车速信号传感器由旋转齿轮、永久磁铁及感应线圈等组成。汽车车轮在滚筒上滚动时,带动齿轮以一定速度旋转。当永久磁铁对准齿顶时,磁电式车速信号传感器感应电动势增强。同理,当永久磁铁对准齿槽时,磁电式车速信号传感器感应电动势减弱,由于磁阻的变化,磁电式车速信号传感器输出的电压信号为交变信号。因信号较弱(一般在 3 mV),所以必须经过信号放大整形电路,将交变信号变为脉冲信号,送入 CPU 高速输入口(HSI),以获取车速信号。

② 测速电动机式车速信号传感器

如图 3-23 所示,汽车车轮在滚筒上滚动时,带动测速电动机旋转,产生的电压与滚筒转速成正比,通过 A/D 采集可得到车速信号。

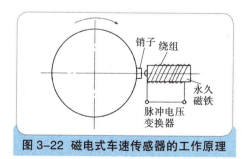

图 3-22 磁电式车速传感器的工作原理

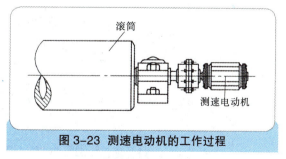

图 3-23 测速电动机的工作过程

(2) 测力装置

汽车底盘测功台驱动力传感器可分为两种:一种是拉压传感器,如图 3-24(a)所示;另一种是位移传感器,如图 3-24(b)所示。它们一边连接功率吸收装置的外壳,另一边连接机体。

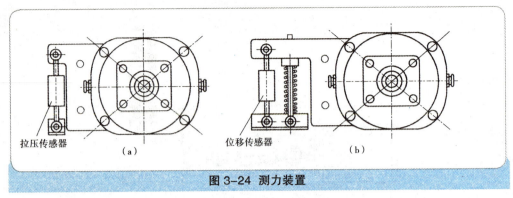

图 3-24 测力装置

(a) 拉压传感器；(b) 位移传感器

功率吸收装置在工作过程中，无论是水力式、电涡流式，还是电力式，其外壳都是浮动的。以电涡流式为例，当线圈通过一定的电流时，就产生一定的涡流强度。对于转子来说，电磁感应产生的力偶的作用方向与其转动的方向相反。当传感器固定后，外壳上的力臂对传感器就有一定的拉力或压力（与安装的位置有关），拉压传感器在工作时，传感器受力产生应变，通过应变放大器可得到一定的输出电压。于是可将力信号转变成电信号来处理，通过标定，可以得到传感器的受力数值。

(3) 控制系统

电涡流式加载装置可控性好，结构简单，质量轻，便于安装，在底盘测功台中得到广泛应用。

汽车在行驶过程中存在滚动阻力、加速阻力和坡道阻力，其中加速阻力可通过惯性飞轮来模拟。通过台架模拟道路必须选用加载装置，要想控制它，就必须知道控制电压及电流。电涡流式加载装置控制系统的框图如图 3-25 所示。

汽车底盘测功台常见的位控信号有举升机升降控制或滚筒锁定控制、电磁阀控制、飞轮控制、车辆检测程度指示器（点阵屏）控制、手动或自动控制等信号。它们常常通过计算机或单片机 I/O 输出板（8155 或 8255 等），再经过信号放大、驱动来实现控制。

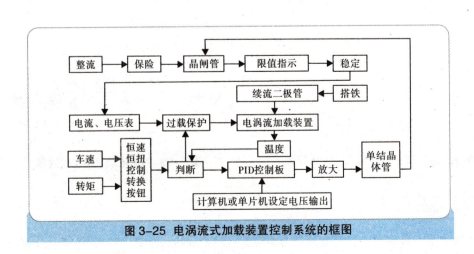

图 3-25 电涡流式加载装置控制系统的框图

6. 安全保障系统

安全保障系统包括左右挡轮、系留装置、车偃、发动机与车轮冷风机，其作用分述如下：
- 左右挡轮的目的是防止汽车车轮在旋转过程中，在侧向风作用力的作用下横向滑出滚筒。
- 系留装置是指地面上的固定盘与车辆相连，以防车辆高速行驶时，由于滚筒的卡死而飞出滚筒。
- 车偃的作用是防止车辆在运行过程中，车体前后移动，同时也达到与系留装置相同的功能。
- 发动机与车轮冷却风机的作用是防止车辆在运行过程中发动机和车轮过热。

7. 引导、举升及滚筒锁止系统

（1）引导系统

引导系统也称驾驶员助手，其作用是引导驾驶员按提示进行操作。提示的方法有两种，一种是显示牌，另一种是大屏幕显示装置。
- 显示牌一般与计算机的串行通信口相连，当计算机对显示牌初始化后，便可对显示牌发送ASCII码与汉字，以提示驾驶员如何操作车辆及显示检测结果。
- 大屏幕显示器通过AV转换盒与计算机相连，AV转换盒的目的是将计算机的数字信号转换成视频信号供电视机用，如图3-26所示。

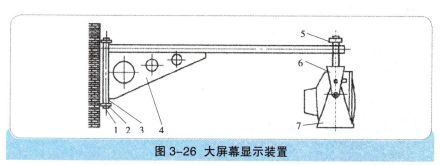

图3-26 大屏幕显示装置

1—转轴；2—开口销；3—支架；4—悬臂；5—小转轴；6—电视机吊架；7—电视机座

（2）举升装置

底盘测功台常用的举升装置类型有气压式和液压式两种。
- 气压式升降机如图3-27所示，它由电磁阀、气动控制阀及双向气缸或橡胶气囊组成。在气压的作用下，气缸中的活塞便可上下运动以实现升降的目的。
- 液压式举升装置通常由电磁阀、分配阀、液压举升缸等组成。在液压作用下，举升缸活塞上下移动，实现升降的目的。

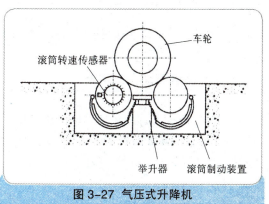

图3-27 气压式升降机

(3) 滚筒锁止系统

棘轮棘爪式滚筒锁止系统如图3-28所示,它由双向气缸、棘轮、棘爪、复位弹簧、杠杆及控制器组成。通过控制器控制压缩空气的通断,当某一方向通气后,空气推动气缸活塞运动,控制棘爪与棘轮离合,以达到锁止或放松滚筒的目的。

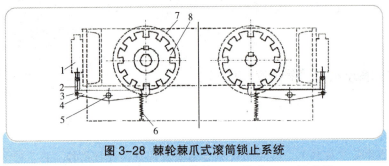

图 3-28 棘轮棘爪式滚筒锁止系统

1—双向气缸;2—杠杆;3—连接销;4—棘爪;5—固定销;
6—复位弹簧;7—滚筒;8—棘轮

8. 控制和指示装置

底盘测功台的控制装置和指示装置常做成一体,称为控制柜,安放在机械部分的左前方易于操作和观察的位置。当测力装置和测速装置均为电测式,指示装置为机械式时,指示装置仅能显示驱动车轮的驱动力,驱动轮输出功率需根据所测出的驱动力和试验车速换算得到。

全自动检测线底盘测功工位的控制与指示通常由主控电脑、工位测控电脑及检验程序指示器等来完成。

四、底盘测功台检测实施

1. 准备工作

(1) 检测设备和仪器

检测设备和仪器包括底盘测功台、温度计、湿度计、气压计和饱和蒸汽压计等。

(2) 底盘测功台的准备

使用测功台之前,按厂家规定的项目对测功台进行检查、调整、润滑,在使用过程中,要注意仪表指针的回位(或数字显示的回零)、举升器工作导线的接触情况。发现故障,及时清除。

(3) 被检汽车的准备

- 汽车开上底盘测功台以前，调整发动机供油系及点火系至最佳工作状态。
- 检查、调整、紧固和润滑传动系及车轮的连接情况。
- 清洁轮胎，检查轮胎气压是否符合规定。
- 汽车必须运行至正常工作温度。
- 排气系统应有排气消声器，系统不得泄漏。
- 检查空气滤清器状况，允许更换空气滤清器滤芯。
- 关闭空调系统等非汽车运行所必需的耗能装置。

(4) 确定测功项目

对汽车进行底盘测功前，首先根据测试或应车主要求，确定测功项目。一般有以下几项：

- 发动机额定功率转速下驱动车轮的输出功率或驱动力。
- 发动机额定转矩转速下驱动车轮的驱动力或输出功率。
- 发动机全负荷选定车速下驱动车轮的输出功率或驱动力。
- 发动机部分负荷选定车速下驱动车轮的输出功率或驱动力。

《营运车辆综合性能要求和检验方法》规定，在检测线上，轻型车辆按发动机额定转矩转速工况检测，其他车辆在发动机额定功率转速工况和额定转矩转速工况检测均可。

(5) 设定车速值的确定

为简化检测工作，《营运车辆综合性能要求和检验方法》中规定了不同型号的车辆检测驱动轮输出功率时的检测车速，并给出了驱动轮输出功率的限值标准，选择的原则以其测试工况、车辆型号、燃油种类为依据。

(6) 检测汽车驱动轮功率应注意的事项

- 超过测功台允许轴重或轮重的车辆一律不准上测功台进行检测。
- 检测过程中，切勿拨弄举升器托板操纵手柄，车前方严禁站人，以确保检测安全。
- 检测时，一定要开启冷却风扇，并密切注意各种异响和发动机的冷却水温。
- 走合期间的新车和大修车不宜进行底盘测功。
- 测功台不检测期间，不准在上面停放车辆。

相关说明：大多数检测站使用的底盘测功台基本上都是单轴滚筒式底盘测功台，如果没有配备自由滚筒的话，对于双后驱动桥的车辆，车辆的第三桥只能位于地面上，导致第三桥车轮不转，由于汽车轴间差速器的作用，将使第二桥车加速旋转，而导致汽车轴间差速器的损坏。或者由于第三桥在地面上的驱动率引作用，车辆将向前驶出底盘测功台的滚筒。

有些检测线配备如图3-29所示的第3滚筒（自由滚筒），即便如此，两驱动轴由于车轮转速的不同，轴间差速器仍可能出现高转速差的工作状态，也将导致汽车轴间差速器的损坏，还可使所测功率降低，甚至测不出功率。

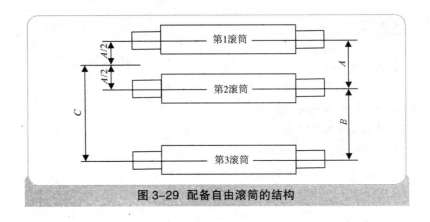

图 3-29 配备自由滚筒的结构

因此,对于检测双后桥驱动的车辆,检测时,应特别注意:对于双轴滚筒式底盘测功台,如果配备自由滚筒,务必将汽车轴间差速器锁可靠地锁住,使两驱动桥同步运转。

但是即便将汽车的轴间差速器锁可靠地锁住,保证了两驱动桥同步运转,由于自由滚筒没有功率吸收装置,所测得的底盘输出功率将大为降低。因此,对于检测双后桥驱动的车辆,最合理的方法是选择双轴双滚筒式底盘测功台。

2. 测试步骤

(1) 汽车驱动轮输出功率的检测

- 根据显示屏显示的被检车辆的牌号,将车辆驱动轮置于底盘测功台滚筒上,非驱动轮前抵上车楔(或用系留装置拉住车辆),举升器自动降下。
- 引车员系好安全带,并根据显示屏指令操作,在检测过程中,车辆前方不得站人。
- 引车员应逐级起步换挡,提速至直接挡,并以直接挡的最低车速稳速运转。
- 显示屏指令"设定车速值"时引车员将加速踏板踩到底,并保持不动,底盘测功台自动加载,直至车速稳定在设定的检测车速值 ±0.5 km/h 范围内。
- 测试车速在设定车速范围内稳定 15 s 后,计算机连续自动采集实际车速值、驱动轮输出功率及转矩值,在测试全过程中,实际检测车速和设定车速的允许误差为 ±0.5 km/h,转矩波动幅度应小于 ±4%。
- 工位电脑读取检测数据,引车员挂空挡,松开加速踏板,车轮继续带动滚筒旋转约 1 min 以上,确保电涡流测功器散热。
- 对检测不合格的车辆,允许复测一次。
- 举升器举起,车辆驶出底盘测功台工位。

对于全自动检测线,本工位所检测的数据直接传输给主控电脑,用于全部项目检测完成后打印检测报告单。对于有工位打印机的,可以在本工位直接打印检测数据。工位打印机可打印设定车速值、实际车速值、驱动轮输出功率及转矩值等。

驱动轮输出功率检测完后,车轮会继续带滚筒旋转,一方面,给电涡流测功器散热;另一方面,可利用该段时间测试 30 km/h 至 0 km/h 的车辆滑行距离。要注意的是,滑行距离测试应挂接相应的惯性飞轮，只要计算机软件设置合理，两个参数同时检测完全是可行的。

动力性检测完后，应让滚筒运转 1min 以上以使电涡流测功器散热。底盘测功机在测试中如突然发生停电，引车员应立即松开加速踏板，并挂空挡，等车辆滑行减速直至停驶。

理论和实践都已证明，不同使用环境的大气压力、温度和空气湿度，都会影响到发动机的进气压力，车辆在不同的环境条件下使用，功率值是不一样的，严重时，功率会相差 10%～20%。车辆在冬季使用，功率比夏季高温季节要高，平原地区使用比在西部高原地带要好，这也充分说明不同的环境条件下检测驱动轮输出功率的数值是有差异和变化的。

《营运车辆综合性能要求和检验方法》规定，要将现场检测的实测驱动轮输出功率修正到标准环境条件下的校正驱动轮功率后，再和发动机额定转矩功率（或发动机额定功率）比较后得到其百分数，再对车辆的整车动力性进行判定。

考虑到校正的要求，大多数底盘测功工位均配备有温度计、湿度计、气压计等。其检测信号直接传输给电脑，电脑则可按设定的程序自动进行校正计算。

（2）汽车滑行性能的检测

- 正确选择底盘测功台上相应飞轮的当量惯量。
- 将被检车辆驱动轮置于底盘测功台滚筒上。
- 按引导系统提示将车辆逐步换至直接挡并加速至高于规定车速（30 km/h 或 50 km/h）后，置变速器于空挡，利用车一台系统储藏的动能，使其运转直至车轮停止转动。
- 电脑记录汽车从规定车速开始至车轮停止转动的滑行距离。

> **注意**
>
> 实测的滑行距离须修正后显示。

3. 检测标准

（1）驱动轮输出功率检测标准

驱动轮输出功率的限值如表 1-2 所示。标准规定整车动力性检测的判定限值是在上述检测工况下，采用校正驱动轮输出功率与相应的发动机输出功率的百分比，作为驱动轮输出功率的限值，即

$$\eta_{VM} = P_{VM0}/P_M$$
$$\eta_{VP} = P_{VP0}/P_e$$

式中　η_{VM}——汽车在额定转矩工况下的校正驱动轮输出功率与发动机额定转矩功率比值的百分比，%；

η_{VP}——汽车在额定功率工况下的校正驱动轮输出功率与发动机额定功率比值的百分比，%；

P_{VM0}——汽车在额定转矩工况下的校正驱动轮输出功率，kW；

P_{VP0}——汽车在额定功率工况下的校正驱动轮输出功率，kW。

P_M—— 发动机在额定转矩工况下的输出功率，kW；
P_e—— 发动机在额定功率工况下的输出功率，kW。

驱动轮输出功率合格的判定条件为

$$\eta_{VM} \geqslant \eta_{Ma}$$
$$\eta_{VP} \geqslant \eta_{Pa}$$

式中 η_{Ma}—— 汽车在额定转矩工况下的校正驱动轮输出功率与发动机额定转矩功率比值的百分比的允许值，%；

η_{Pa}—— 汽车在额定功率工况下的校正驱动轮输出功率与发动机额定功率比值的百分比的允许值，%。

允许值的限值是对一般营运车辆动力性的最基本的合格要求，如果动力性达不到允许值的要求，则说明该车动力性不合格，应对该车发动机的传动系进行检查维修后，再重新检测，一定要合格后才能投入营运工作。根据《营运车辆技术等级划分和评定要求》的规定，凡从事危险品货物运输、高速公路客运、营运客车和 800 km 以上超长线公路客运的车辆，其技术等级必须为一级，上述车辆的校正驱动轮输出功率与相应的发动机输出功率的比值的百分数，必须要大于或等于额定值的限值才能为合格。对于二、三级车，只要达到相关限值即符合要求。

（2）汽车滑行性能检测标准

汽车滑行性能的检测标准见表 3-3。

表 3-3 汽车滑行性能的检测标准

汽车整备质量 /kg	双轴驱动车辆滑行距离 /m	单轴驱动车辆滑行距离 /m
$m < 1\ 000$	≥ 104	≥ 130
$1\ 000 \leqslant m < 4\ 000$	≥ 120	≥ 160
$4\ 000 \leqslant m < 5\ 000$	≥ 144	≥ 180
$5\ 000 \leqslant m < 8\ 000$	≥ 184	≥ 230
$8\ 000 \leqslant m \leqslant 11\ 000$	≥ 200	≥ 250
$m > 11\ 000$	≥ 214	≥ 270

注：表中规定的测试车速为 50km/h。

4. 整车动力性不合格的主要原因分析

● 发动机功率不足。可能的原因有：气缸压缩压力低，个别气缸工作不正常，点火正时（或喷油正时）不准，空气滤清器堵塞等。

● 底盘传动系技术状况不良。可能的原因有：离合器打滑；制动器间隙偏小；传动轴变形弯曲，中间轴承支架松旷，传动轴不平衡；驱动桥装配不良或有故障；轮胎气压不标准，轮辋变形，轮胎花纹规格不符合要求；传动系、行驶系润滑不良等。

思考与练习

一、填空题

1. 汽车动力性通常以汽车_____、_____及_____等项目作为评价指标。

2. 最高车速，是指汽车在_____（混凝土或柏油）上行驶时所能达到的_____行驶车速。

3. 发动机的有效转矩可根据其_____确定。_____曲线是带上时通过_____试验得出的。

4. 汽车在_____行驶时，受到的_____作用力在_____方向上的分力称为空气阻力。

5. 汽车只有克服各种_____才能正常行驶。表示汽车_____与_____之间关系的等式称为汽车的_____，即汽车的行驶方程。

二、选择题

1. 汽车在平坦道路上加速行驶时不存在的阻力是（　　）。
   A．空气阻力　　　B．滚动阻力　　　C．加速阻力　　　D．坡道阻力

2. 汽车处于无载荷状态下的车轮半径称为（　　）。
   A．自由半径　　　B．静力半径　　　C．滚动半径　　　D．以上都不是

3. 汽车底盘的输出功率，除了可以通过整车的道路试验测定外，还可以在室内条件下在（　　）上测定。
   A．底盘测功台　　B．发动机试验台　　C．水力测功台　　D．无负荷测功仪

三、问答题

1. 简述汽车的动力性及评价指标有哪些。

2. 影响汽车动力性的因素有哪些？

3. 进行底盘测功前对车辆的要求有哪些？

课题四
汽车的燃料经济性

学习任务

1. 了解汽车燃油经济性的评价指标；
2. 熟悉影响汽车燃油经济性的主要因素；
3. 熟悉燃油经济性的检测类型和方法；
4. 熟悉燃油经济性检测设备的构造和工作原理。

任务一 汽车的燃料经济性评价指标与影响因素

一、汽车的燃油经济性评价指标

汽车的燃油经济性是指汽车在一定的使用条件下,以最少的燃油消耗量完成单位运输工作的能力,它是汽车的主要使用性能之一。通常,燃油的消耗费用占汽车运输成本的37%左右,燃油经济性的提高就意味着汽车运输成本的降低和经济效益的提高。

汽车的燃油经济性通常用单位行驶里程的燃油消耗量、消耗单位燃油所行驶的里程数及单位运输工作量的燃油消耗量来衡量。

1. 单位行驶里程的燃油消耗量

在我国及欧洲,通常用单位行驶里程的燃油消耗量来衡量燃油经济性指标,单位为L/100 km,即行驶100 km所消耗的燃油升数。其数值越大,汽车的燃油经济性就越差。这种指标只考虑了行驶里程,没有考虑车型与装载量的差别,所以只能用于比较同类型汽车或同一辆汽车的燃油经济性。

2. 消耗单位燃油所行驶的里程数

在美国,通常用消耗单位燃油所行驶的里程数来衡量燃油经济性指标,其单位是MPG,即mile/USgal,指每加仑燃油能行驶的英里数。这个数值越大,汽车的燃油经济性越好。

3. 单位运输工作量的燃油消耗量

在比较不同类型、不同装载量汽车的燃油经济性时,通常采用单位运输工作量的燃油消耗量来衡量。货车通常采用的单位为kg/(100 t·km)或L/(100 t·km),客车通常采用的单位为kg/(1 000 人·km)或L/(1 000 人·km)。

二、汽车燃油经济性的影响因素

影响汽车燃料经济性的因素很多,汽车的燃料经济性主要取决于发动机的特性和汽车的自重、车速及各种运动阻力(如空气阻力、滚动阻力和爬坡阻力等)的大小、传动系的效率及减速比等。下面主要从结构因素和使用因素两个方面进行分析。

1. 汽车结构因素的影响

（1）发动机

发动机的油耗对汽车的油耗有决定性的影响，而发动机的油耗决定于发动机的结构。

● 发动机的类型。柴油机的热效率比汽油机高，通常柴油机的有效燃料消耗率比汽油机低 30%~40%，目前商用汽车广泛采用柴油机，轿车上使用柴油机的比例也在上升。

● 压缩比。发动机的压缩比越大，其热效率越高，发动机动力性提高，发动机油耗率降低。因此，在容许的条件和范围内提高压缩比，可以改善燃料经济性。

● 燃料系统的结构和控制。改进燃料供给系和燃烧室的形状及进、排气系统的结构，使燃料得到良好的汽化和雾化，并且与空气混合均匀，就能改善燃烧过程，从而提高燃料经济性，特别是减少进气管气流阻力，减少排气干扰，可提高充气效率，减少油耗。

采用电子控制燃油喷射实现精确空燃比，也可以提高燃料经济性，目前广泛采用的电喷发动机一般节油 5%~20%。

（2）底盘系统

汽车底盘系统的传动系对汽车的燃料经济性有重要影响。

变速器挡位越多，不但汽车换挡平顺，而且使发动机增加了处于经济工况下运行的机会，有利于提高燃料经济性。因此，现代汽车都趋向于 5 挡或以上变速器，或者采用无级变速。在主减速比一定、同样的道路和车速条件下用不同的挡位行驶，虽然发动机输出功率相同，但挡位越低，后备功率越大，油耗会越高；而使用高挡位时，情况则相反。所以，一般尽可能选用高挡位行驶来节省油耗。

底盘系统中轮胎对燃料经济性也有较大影响。轮胎结构对滚动阻力影响很大，改善轮胎的结构，可以减少汽车的油耗。美国环保局的试验表明，滚动阻力减少 10%，油耗可降低 2%。采用子午线胎，提高轮胎气压，是减少滚动阻力的主要途径。试验表明，大型货车装用子午线胎后，滚动阻力可减少 15%~30%，节油 5%~8%，轿车子午线轮胎的节油率为 6%~9%。

提高轮胎气压，可使汽车行驶时轮胎变形减少。因此，汽车的滚动阻力随轮胎气压的增加而减少。美国 NHTSA 的研究表明，将轮胎气压由 166.6 kPa 提高到 215.6 kPa，滚动阻力减少 30%，油耗降低 3%。但轮胎气压提高后，又带来舒适性降低、悬架动载荷变大等问题，并且轮胎气压的提高受到有关道路法规的限制。

（3）汽车总质量

汽车行驶时，汽车功率消耗与汽车行驶阻力有关。除空气阻力外，其他阻力都与汽车总质量有关。因此，减轻汽车整备质量，是降低油耗较有效的重要措施之一。据有关资料介绍，汽车整备质量每增加 25%，油耗增加 8%；每减轻 10%，油耗可减少 8.5%。汽车轻量化的目的主要在于提高燃料经济性。据资料介绍，铝质车身可减少质量约 15%，油耗降低 5%~8%。

当前，减轻自重的主要方法：一是尽量减少零件数量，如新车身骨架的零件数量，由 400 个减到了 75 个，重量减轻 30%；二是大量采用轻质合金及非金属材料。

目前，在汽车轻量化方面采用的主要措施有：用优化设计的方法充分利用材料的强度、提高结构的刚度；采用高强度轻材料，如采用高强度低合金钢、铝合金、镁合金、塑料和各种纤维强化等材料制造汽车零件；改进汽车结构，如轿车采用前轮驱动、高可靠性轮胎（可以去掉备胎）、少片或单片弹簧钢板、承载式车身、空冷式发动机、二行程发动机、绝热发动机，以及各种零件的薄壁化、复合化、小型化等；减少车身尺寸，这还有利于减少行驶时的空气阻力；取消一些附加设备及器材等。质量轻的电子产品的大量应用，也对汽车的轻量化发挥了作用。

（4）汽车的外形

汽车速度不高时，空气阻力对汽车的燃料消耗影响不大，但当车速超过 50 km/h 时，空气阻力对汽车燃料经济性的影响逐步明显。减少空气阻力主要通过减少汽车的空气阻力系数来实现，汽车制造厂通过整车的风洞试验研究使汽车外形接近最优化。研究表明，空气阻力系数每降低 10%，可使汽车燃料经济性提高 2% 左右。

目前，国内外采取减少空气阻力系数的主要措施有：选择合理的车身外形，对所有暴露部位进行空气动力学优选，以及在车身上加装各种导流装置。

2. 汽车使用因素的影响

（1）汽车的技术状况

随着使用时间的增长，汽车的性能也在逐步发生变化，当感觉车辆有异样时，应立即对车辆进行检查。若车辆的技术状况差、故障多，则会对汽车的行驶油耗影响很大。除汽车发动机故障外，汽车底盘部分的技术状况，如减速器、制动器、轴承、前束调整不当，轮胎气压不足等，都会导致汽车油耗大幅度增加。

（2）车辆运行条件

车辆的使用状况也是影响汽车油耗的主要因素之一。如汽车在高原行驶，由于进气量下降，导致燃料燃烧不完全，汽车的油耗必然增加。汽车在道路条件很差的路面行驶，其功率消耗大，滚动阻力大，必然导致燃料消耗量的增大。

（3）驾驶技术

熟练的驾驶技术是开车节油的前提，同一车型，使用条件基本相同，不同的人驾驶，汽车油耗可相差 20% 以上。

如下几种驾驶习惯就会增加油耗：见空就抢，尤其是交通不畅、等红灯、变换车道时，相邻车道刚有了点空，突然加速挤过去，过去了就不得不踩制动踏板，如此急加速与急停车是非常耗油的；低挡高速长距离行车，特别是初学者常会在低挡长距离高速行车，这会导致油耗上升；不必要的高速行驶会增加油耗，任何一款车都有经济时速，在这个速度行驶时最省油，低于这个速度或高于这个速度，油耗就会上升，而超过一定的速度后，油耗会大幅度上升。

3. 日常使用汽车节油注意事项

●给行李箱减负。超载的车辆在行驶时会更费油。因此，尽量清空行李箱，不要把行李箱当作储存室，非必要东西勿堆置车内。

●平缓加油，切忌急踩加速踏板和制动踏板。特别是猛加速，耗费燃料最多，猛加速10次，约耗费燃料1 200 mL以上。停车后猛踩加速踏板起步、急踩制动踏板等，这些行为都会增加燃油消耗。遇红灯应提早放加速踏板，尽量少踩加速踏板。

●暖机后再加速。发动机低温运转比温度升高后运行更费油，所以刚起动时不要马上加速，而应该慢行一段时间让发动机热起来之后再加速。

●选择合适挡位。要用合理的速度行车，或快或慢都浪费燃料，使用的挡位越低，节气门开度越小，发动机的功率利用越小，油耗自然就越大。发动机的大部分时间在中等转速运转，节气门开度适当（70%左右）时，耗油量最小。在道路状况良好的情况下，尽量使用高速挡行驶。

●避免长时间怠速。发动机空转时也要消耗燃油。如果可能的话，在停车等待时尽量将发动机熄火，而不是让它一直运转。

●尽量少用空调。开空调也不要调到"最冷"、"最热"挡，空调可以消耗很多燃油。开着两侧的车窗可以降低空气阻力，所以在遇到堵车、行驶缓慢时应开窗。

●高速行驶时不能开窗户，否则会增加行驶阻力。

●保持车辆清洁。经常洗车和给车打蜡可以减少空气阻力，因而可以提高燃料经济性。

●按保养手册严格保养，尤其是要定期更换机油。一辆维护保养良好的汽车开起来才更省油，所以要按照用户手册上推荐的方法定期保养。

●在磨合期要严格按照要求磨合。如果汽车磨合不好会费油。磨合期不要超速，也不要超载。

任务二　汽车燃料经济性的检测

汽车燃油经济性的检测有两种方法，一是室内台架试验检测法，二是道路试验检测法。一般汽车检测站和修理厂因受到场地条件限制，无法用道路试验方法检测汽车的燃油经济性，因此常在室内底盘测功机上，参照有关规定，模拟道路试验方法检测汽车的燃油经济性。

一、燃油经济性检测设备

汽车燃油经济性的台架试验设备，除了底盘测功机以外，还需油耗仪（或称燃油流量测试仪）。底盘测功机的外形如图4-1所示。

汽车的燃油消耗量是由油耗仪来测量的。油耗仪的种类很多，按测试方法可分为容积式油耗仪、质量式油耗仪、流量式油耗仪和流速式油耗仪。油耗仪由油耗传感器和显示装置构成。图4-2是油耗仪的外形。以下主要介绍容积式油耗仪和质量式油耗仪。

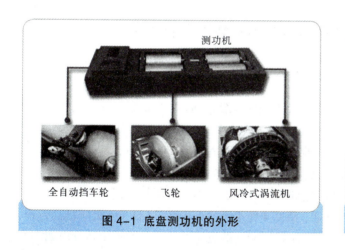

图4-1　底盘测功机的外形

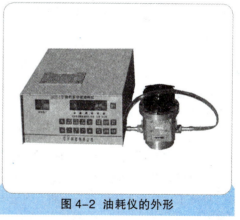

图4-2　油耗仪的外形

1. 容积式油耗仪

容积式油耗仪的基本工作原理是使被测流体充满一定容量的测量室，通过记录流体充满测量传感器的次数，则可得出被测流体的总量，再除以测定时间或行驶里程即可得到平均燃料消耗量。

图4-3为行星活塞式油耗传感器的流量转换机构的工作原理。该装置由十字形配置的4个活塞和旋转曲轴构成，用于将一定容积的燃油流量转变为曲轴的旋转。

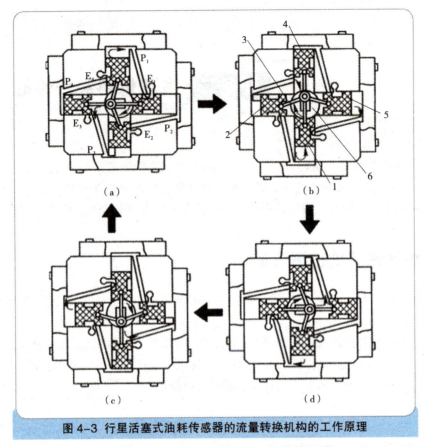

图 4-3 行星活塞式油耗传感器的流量转换机构的工作原理

1，2，4，5—活塞；3—连杆；6—曲轴；P_1，P_2，P_3，P_4—油道；
E_1，E_2，E_3—排油口

在泵油压力作用下，燃油推动活塞往复运动，4个活塞往复运动一次则曲轴旋转一周，完成一个进排油循环。活塞在油缸中处于进油行程或排油行程，取决于活塞相对进排油口的位置。图 4-3（a）表示活塞1处于进油行程，来自传感器曲轴箱的燃油由油道 P_3 推动其下行，并使曲轴作顺时针旋转。此时，活塞2处于排油行程终了，活塞4处于排油行程中，燃油从活塞4上部经 P_1 从排油口 E_1 排出，活塞5处于进油行程终了；当活塞和曲轴位置如图 4-3（b）所示时，活塞1处于进油行程终了，活塞2处于进油行程，通道 P_4 导通，活塞4处于排油行程终了，活塞5处于排油行程，燃油从通道 P_2 经排油口 E_2 排出。图 4-3（c）和图 4-3（d）的进排油状态及曲轴旋转方向如图中箭头所示。如此循环往复，曲轴每旋转一圈，各缸分别泵油一次，从而具有连续定容量泵油的作用。曲轴旋转一周的泵油量为

$$V = 4 \cdot \frac{\pi d^2}{4} \cdot 2h = 2h\pi d^2$$

式中　V——四缸排油量，cm^3；
　　　H——曲轴偏心距，cm；
　　　D——活塞直径，cm。

由此可见，经上述流量转换机构的转换后，测量燃油消耗量转化为测定流量变换机构曲轴的旋转圈数。这可由装在曲轴一端的信号转换装置完成。一般采用光电测量装置进行信号转换，把曲轴旋转圈数转化为电脉冲信号。

信号转换装置由主动磁铁、从动磁铁、转轴、光栅、发光二极管和光敏管等组成。主动磁铁装在曲轴端部，从动磁铁装在转轴端部，两磁铁相对安装，但磁铁之间留有间隙，其作用在于构成磁性联轴器；光栅固定在转轴上，由转轴带动旋转；光栅两侧相对位置上固定有发光二极管和光敏管，光敏管用于接收发光二极管发出的光线，光栅位于二者之间，其作用是把发光二极管发出的连续光线转变为光脉冲。当曲轴转动时，通过磁性联轴器带动转轴及光栅旋转，光栅在发光二极管和光敏管之间旋转，使光敏管接收到光脉冲。由于光敏管的光电作用将光脉冲转换为电脉冲信号输入到计量显示装置。显然，该电脉冲数与曲轴转过的圈数成正比，从而经过运算处理，在显示装置上显示出燃油的消耗量。燃油流量传感器的结构及油路如图 4-4 所示。

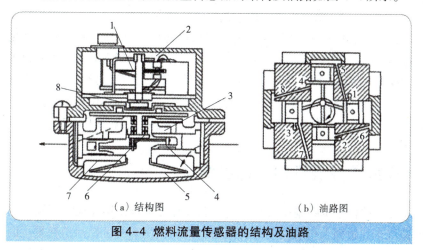

图 4-4 燃料流量传感器的结构及油路

1—光隙板；2—光敏管；3—排油腔；4—活塞；5—滤油器；6—曲轴；7—油缸体；8—磁耦合轴

2. 质量式油耗仪

质量式油耗仪由称量装置、计数装置和控制装置构成，见图 4-5。

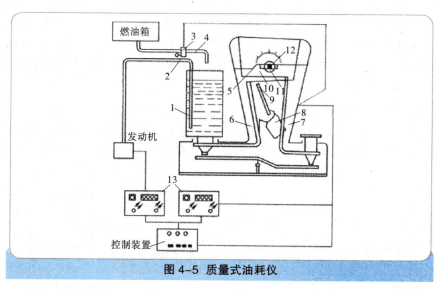

图 4-5 质量式油耗仪

1—油杯；2—出油管；3—电磁阀；4—加油管；5—光电二极管；6，7—限位开关；8—限位器；9—光源；10—光电二极管；11—鼓轮机构；12—鼓轮；13—计数器

质量式油耗仪测量消耗一定质量的燃油所用的时间，燃油消耗量可按下式计算：

$$G = 3.6 \frac{m}{t}$$

式中　m——燃油质量，g；
　　　t——测量时间，s；
　　　G——燃油消耗量，kg/h。

如图4-5所示，称量装置的秤盘上装有油杯1，燃油经电磁阀3加入油杯。电磁阀的开闭由装在平衡块上的行程限位器8拨动两个微型限位开关6、7进行控制。光电传感器由两个光电二极管5、10和装在棱形指针上的光源9组成，用于给出油耗始点和终点信号。光电二极管5为固定式，光电二极管10装在活动滑块上，滑块通过齿轮齿条机构移动，齿轮轴与鼓轮12相连，计量燃油量通过转动鼓轮12从刻度盘上读出。计量开始时，光源9的光射在光源二极管5上，发光二极管发出信号，使计数器13开始计数，随着油杯中燃油的消耗，计数器指针移动。当光照射到光电二极管10上时，光电二极管发出信号，使计数器停止计数，表示油杯中燃油耗尽。记录仪上两个带数字显示的半导体计数器，一个用于计算发动机曲轴转速，另一个用于计算记录时间。

二、汽车燃油经济性的台架检测法

汽车燃油经济性的台架试验是由底盘测功机和油耗仪配合使用完成的。底盘测功机用来提供活动路面并模拟汽车在道路上行驶时的各种阻力，油耗仪用来测量燃油消耗量。因此，燃油经济性测量结果的准确性，除与油耗仪的测量精度有关外，还取决于底盘测功机对汽车行驶阻力的模拟是否准确。

1. 油耗传感器的安装

将油耗传感器串接在燃料系供油管路上。柴油机应串接在柴油滤清器与喷油泵之间，从高压回油管和低压回油管流回的燃油应接在油耗传感器与喷油泵之间，以免重复计量，如图4-6所示；电控燃油喷射发动机应串接在燃油滤清器与燃油分配管之间，从燃油压力调节器经回油管流回燃油箱的燃油应改接在油耗传感器与燃油分配管之间，避免重复计量，如图4-7所示。串接好的传感器应放置平稳或吊挂牢固。

传感器的进出油管最好为透明塑料管，以便观察燃油中有无气体。

供油管路中有气体会导致测量误差。当发现管路不断产生气泡时，应仔细检查并消除不密封部位。汽油蒸气会形成气阻，因此油耗传感器和供油管路等应远离热源。

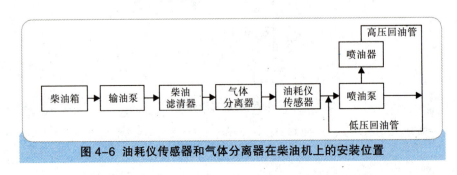

图4-6　油耗仪传感器和气体分离器在柴油机上的安装位置

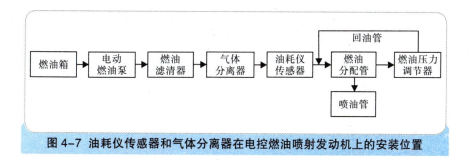

图 4-7 油耗仪传感器和气体分离器在电控燃油喷射发动机上的安装位置

2. 油路中空气泡的排除

为了保证燃油测量结果的准确性,传感器接入供油管路后,必须注意检查并排除管路中进入的空气;否则,传感器会把气泡所占容积当成所消耗燃油的容积计入燃油消耗量,从而使检测结果失准。

(1) 汽油车油路中气泡的排除

将传感器置于较低的位置,卸开化油器油管接头,用手动油泵连续泵油,直至泵出的油不含气泡为止。若传感器壳体上设有放气螺钉,可以松开螺钉,由此排出传感器体内的空气。

(2) 柴油车油路中气泡的排除

装好油耗传感器后,松开高压油泵的放气螺钉,连续压动手油泵,直至泵出的油中不含气泡时按住手泵柄不动,拧紧放气螺钉再旋紧手泵柄即可。柴油车与汽油车的差别之一是,汽油车可以在发动机起动后排除空气泡,而柴油车必须在发动机起动前排除空气泡;差别之二是,汽油车在拆去油耗传感器恢复原油路时,无须排除空气泡,而柴油车在拆去传感器恢复原油路后仍须排除油路中刚产生的空气泡。

3. 模拟加载量的确定和试验

在底盘测功机上进行油耗试验,要想取得与道路上一致的试验结果,关键是把汽车在道路上的滚动和空气等阻力,能在测功机上尽可能地模拟出来。

(1) 等速百公里油耗测试模拟加载量

国家交通行业标准《汽车技术等级评定的检测办法》中规定,用底盘测功机检测等速百公里油耗时的测试条件有:汽车为正常热状态;变速器挂直接挡或最高挡;加载至限定的负荷并使汽车稳定在试验车速上。

《汽车燃料消耗量试验方法》规定,限定条件下试验车速为:轿车(60 ± 2)km/h,铰接式客车(35 ± 2)km/h,其他车辆(50 ± 2)km/h。在台架试验汽车的等速百公里油耗时,合理确定测功机的加载量,以模拟汽车在Ⅲ级以上平直道路上以规定车速行驶时所受到的阻力极其重要。此时,汽车克服滚动阻力和空气阻力所消耗的驱动轮功率为

$$P_K = \left(G \cdot f + \frac{1}{21.15} C_D \cdot A \cdot v^2\right) \cdot v/3600$$

式中　P_K——驱动轮输出功率，kW；
　　　G——汽车总重，N；
　　　f——滚动阻力系数；
　　　C_D——空气阻力系数；
　　　A——迎风面积，m^2；
　　　v——试验车速，km/h。

式中 C_D、f、A 可参考表 4-1 用公式求出试验车速下驱动轮功率，并且应考虑到测功机传动机构的摩擦损失功率及驱动轮与滚筒间的摩擦损失功率的存在，此两项损失功率应从上式计算值中减掉后，才是真正应该在测功机功率吸收单元中模拟的加载量，即

$$P_{PAU} = P_K - P_{PL} - P_C$$

式中　P_{PAU}——模拟功率；
　　　P_{PL}——传动机构的摩擦损失功率；
　　　P_C——轮胎与滚筒间的摩擦损失功率。

表 4-1　C_D、f、A 推荐表

车辆类型	C_D	f	A
轿车	0.35～0.55	$f = 0.0076 + 0.000056v$	$A = 1.05BH$ （B 为轮距，H 为车高）
货车	0.40～0.60		
客车	0.58～0.80		

（2）检测方法

确定模拟加载量后，把汽车驱动轮驶入底盘测功机滚筒装置，把油耗传感器接入汽车的燃油管路；设定好试验车速，起动并预热好发动机，变速器挂直接挡，逐渐踩下加速踏板，使测功机指示的功率等于计算值并使之稳定，此时按下油耗测量按钮，当驱动轮在滚筒上驶过不少于 500 m 的距离时，即可以从显示装置上读取汽车的等速百公里油耗值。为消除偶然因素的影响，应重复试验 3 次，取其平均值作为被测汽车在给定测试条件下的百公里油耗量。

（3）等速百公里油耗特性曲线图的绘制

《汽车燃料消耗量试验方法》规定，在不同车速下进行汽车的等速百公里油耗检测后，应绘制出汽车的等速百公里油耗特性曲线。试验时，汽车使用常用挡位，试验车速从 20 km/h，最小稳定车速高于 20 km/h 时，从 30 km/h 开始，以车速 10 km/h 的整倍数均匀选取试验车速，直到最高车速的 90%，至少测定 5 个试验车速。测出 500m 内的耗油量，单位为毫升（mL）时，可用下式折算成百公里耗油量：

$$Q = \frac{q}{5}$$

式中　Q——百公里耗油量，L/100km；
　　　q——500m 的耗油量，mL。

显然，在不同的试验车速下，底盘测功机所对应的加载功率是不同的。在不同试验车速和所对应加载功率条件下，每个试验车速测试3次，取其测试值的平均值，经上式折算后作为被测汽车在给定试验车速时的百公里油耗量。当每个规定车速下的百公里油耗量都测出后，便可在以速度为横轴、百公里油耗量为纵轴的平面直角坐标系中绘出该车的百里油耗特性曲线图。图4-8为某些车型的等速百公里油耗特性曲线。

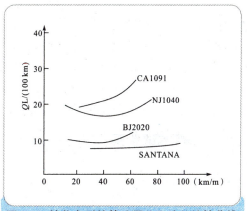

图4-8 某些车型的等速百公里油耗特性曲线

（4）试验环境条件

试验环境条件：环境温度 0℃～40℃，环境相对湿度小于85%，大气压力 80～110kPa。

（5）注意事项

1）为使汽车燃油经济性检测结果准确可靠，应注意以下各点：
● 发动机冷却液温度应在 80℃～90℃ 范围内，温度过高时应用冷却风扇降温；轮胎气压应符合规定，误差不超过 ±0.01MPa，且左右轮胎的花纹一致；被测车底盘温度应随室温变化严格控制，室温低于10℃时，底盘温度应控制在25℃以上。
● 试验仪器的精度应满足要求：车速测定仪器和燃料流量计的精度为0.5%，计时器的最小读数为0.1s。
● 正确连接油耗仪传感器，并注意排除油路中的空气泡。

2）为保证台架试验汽车燃油经济性时的安全，应注意以下各点：
● 被测车辆旁必须配备性能良好的灭火器。
● 油耗传感器所用油管应透明、耐油、耐压，油管接头用合格的环形夹箍，不得用铁丝缠绕，并确保无渗漏。
● 拆卸油管时，必须用沙盘接油，不允许用棉纱或其他易燃物接油，不允许将燃油流到发动机排气管上。
● 测试时，发动机盖应打开，以便观察有无渗漏现象。测试完毕，安装好原管路后起动发动机，在确保无任何渗漏时，方可盖上发动机盖。

三、汽车燃油经济性的道路检测法

汽车燃油消耗量的道路检测包括不控制的道路试验、控制的道路试验和循环道路试验3种。

不控制的道路试验是指对试验行驶道路、交通情况、驾驶习惯和周围环境等各方面因素都无规定，不加任何控制的道路试验方法。这种试验方法中，各种因素随机变化大、试验数据分散度大、试验用车数量大，需要试验的行程长。因为试验费用极高，时间很长，所以这种方法是一种很少采用的试验办法。

控制的道路试验是指试验中对各种因素中的一个或几个有具体的要求，也就是说只有试验条件符合要求时，测试的数据才有效，这种方法称为控制的道路试验。

循环道路试验是指汽车完全按规定的车速–时间规范进行试验。何时换挡、何时制动以及行车速度、加速度、减速度等都在规范中加以规定。这种试验方法也常称为"多工况试验"。

以下主要介绍控制的道路试验，即直接挡全节气门加速燃油消耗量、等速燃油消耗量、多工况燃油消耗量试验及限定条件的平均使用燃油消耗量试验。

1. 基本试验条件

（1）试验规范

试验前，应对试验的车辆进行磨合；试验时，试验车辆必须进行预热行驶，使发动机、传动系及其他部分预热到规定的温度状态。轮胎充气压力应符合该车技术条件的规定，误差不超过 ±10 kPa。装载物应均匀分布且固定牢靠，试验过程中不得晃动和颠离；不应因潮湿、散失等条件变化而改变其质量，以保证装载质量的大小、分布不变。

做各项燃油消耗量试验时，汽车发动机不得调整。试验道路应为清洁、干燥、平坦、用沥青或混凝土铺成的直线道路，道路长 2～3 km，宽不小于 8 m，纵向坡度在 0.1% 以内。

试验应在无雾无雨、相对湿度小于 95%、气温 0℃～40℃、风速不大于 3 m/s 的天气条件下进行。

（2）试验车辆载荷

除有特殊规定外，轿车为规定载荷的 50%；城市客车的载荷为总质量的 65%；其他车辆为满载，乘员质量及其装载要求按《汽车道路试验方法通则》规定。

（3）试验仪器要求

车速测定仪和汽车燃油消耗仪的精度为 0.5%，计时器的最小读数为 0.1 s。

（4）试验的一般规定

试验车辆必须清洁，关闭车窗和驾驶室通风口，只允许开动为驱动车辆所必需的设备；由恒温器控制的空气流必须处于正常调整状态。

2. 试验项目及规程

（1）直接挡全节气门加速燃油消耗量试验

试验测试路段长度为 500 m，试验时，汽车挂直接挡（没有直接挡可用最高挡），以 30km/h ± 1km/h 的初速度，稳定通过 50 m 的预备段，在测试路段的起点开始，节气门全开，加速通过测试路段，测量并记录通过测试段的加速时间、燃油消耗量及汽车在测试路段终点时的速度。试验往返各进行两次，测得同方向加速时间的相对误差不大于5%。取测得4次加速时间试验结果的算术平均值作为测定值，且要符合该车技术条件的规定。

经本项试验后，做其他燃油消耗量试验时，汽车发动机不得调整。

（2）等速燃油消耗量试验

试验测试路段长度为500 m，汽车用常用挡位，等速行驶，通过500 m的测试路段，测量通过该路段的时间及燃油消耗量。

试验车速从20 km/h开始（最小稳定车速高于20 km/h时，从30 km/h开始），以每隔10 km/h均匀选取车速，直至最高车速的90%，至少测定5个试验车速，同一车速往返各进行两次。

（3）多工况燃油消耗量试验

汽车运行工况可分为匀速、加速、减速和怠速等几种，实际运行时，往往是上述几种工况的组合，并以此决定了汽车的油耗。所以，各国根据不同车型车辆的常用工况，制定了不同的试验循环，既使试验结果比较接近于实际情况，又可缩短试验周期。

多工况燃油消耗量试验的方法就是将不同车型的车辆严格依据各自的试验循环进行燃油消耗量测定。怠速工况时，离合器应接合，变速器置于空挡，从怠速运转工况转换为加速工况时，在转换前5 s分离离合器，把变速器挡位换为低速挡，换挡应迅速、平稳。减速工况中，应完全放松加速踏板，离合器仍然接合，当车速降至10 km/h时，分离离合器，必要时，减速工况中允许使用车辆的制动器。

汽车在进行多工况试验时，加速、匀速、减速或使用制动器减速时，在每个试验工况除单独规定外，车速偏差为±2 km/h。在工况改变过程中允许车速的偏差大于规定值，但在任何条件下超过车速偏差的时间不大于1s，即时间偏差为±1s。

每循环试验后，应记录通过循环试验的燃油消耗量和通过的时间。当按各试验循环完成一次试验后，车辆应迅速调头，重复试验，试验往返各进行2次，取2次试验结果的算术平均值作为多工况燃油消耗量试验的测定值。轿车的试验循环按图4-9所示的规定进行。

对于总质量小于3 500 kg的载货汽车（不包括微型载货汽车），按轿车规定的试验循环（见图4-9）进行。

微型汽车的试验载荷为，空载加两名乘员（包括驾驶员），其他要求同基本试验要求。试验循环按图4-10的规定进行。

对于总质量在3 500～14 000 kg的载货汽车，按图4-11规定的试验循环进行。

总质量大于14 000 kg的载货汽车，按图4-12规定的试验循环进行。

城市客车（包括城市铰接式客车），按图4-13规定的试验循环进行。其他客车按图4-10规定的试验循环进行。

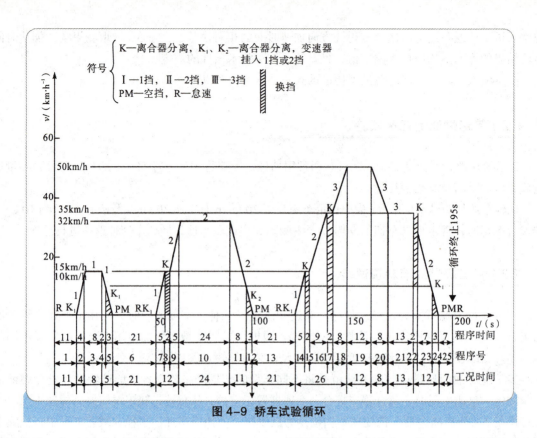

图 4-9 轿车试验循环

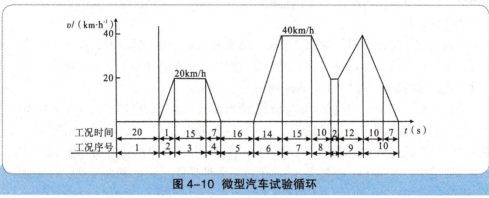

图 4-10 微型汽车试验循环

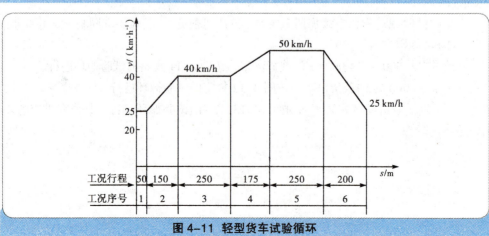

图 4-11 轻型货车试验循环

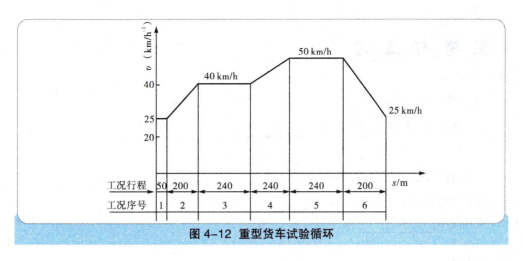

图 4-12 重型货车试验循环

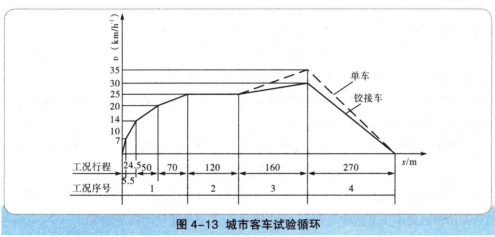

图 4-13 城市客车试验循环

（4）限定条件的平均使用燃油消耗量试验

测试路段应设在三级以上平原干线公路上，其长度不小于 50 km，在正常交通情况下，以下列车速行驶，并尽可能保持匀速：轿车，车速为 60km/h ± 2km；铰接式客车，车速为（35 ± 2）km/h；其他车辆，车速为（50 ± 2）km/h。

客车应每隔 10 km 停车一次，怠速 1 min 后重新起步，记录制动次数、各挡位使用次数、使用时间和行程。测定每 50 km 单程的燃油消耗量，换算成百公里燃油消耗量，往返各试验一次，以两次测量结果的算术平均值作为限定条件下的平均使用燃油消耗量的测定值。

一、填空题

1. 汽车燃油经济性通常用_____、_____或_____来衡量。
2. 汽车燃油经济性的检测有两种方法，一是_____检测法，二是_____检测法。
3. 汽车的燃油经济性主要取决于_____和汽车的_____、_____及各种的大小、传动系的_____及_____等。

二、选择题

1. 燃油经济性好的汽车在规定行驶里程中（　　）。
   A. 耗油量多　　　B. 耗油量少　　　C. 不耗油　　　D. 烧好油
2. 我国一般按行驶里程评价汽车燃油经济性，评价指标的单位是（　　）。
   A. L/100km　　B. N/100km　　C. kg/（100 t·km）　　D. kg/100 km
3. 非使用因素的节油措施是以下选项中的（　　）。
   A. 燃烧稀薄混合气　　B. 以中速行驶　　C. 安全滑行　　D. 减少制动
4. 以下影响汽车经济性的因素中，不属于结构因素的是（　　）。
   A. 采用电子控制燃油　　B. 采用流线外形　　C. 多设变速挡位　　D. 适时换挡
5. 台架检测法要求重复试验取其（　　）平均值作为汽车油耗量的检测结果。
   A. 2次　　　　B. 3次　　　　C. 4次　　　　D. 5次

三、问答题

1. 我国是以何种指标评价汽车经济性能的？

2. 汽车使用中有哪些节约燃油的途径？

3. 常用汽车燃油经济性的检测方法有哪些？

课题五 汽车的制动性

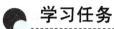

学习任务

1. 了解汽车制动性的评价指标；
2. 会分析制动性的影响因素；
3. 掌握反力滚筒式制动检验台和平板式制动检验台的结构和工作原理；
4. 掌握五轮仪的结构和工作原理。

任务一 汽车的制动性评价指标与影响因素

一、汽车制动性的评价指标

汽车行驶时，能在短距离内迅速停车且维持行驶方向稳定性和在下长坡时能维持一定安全车速，以及在坡道上长时间保持停驻的能力，称为汽车的制动性。汽车的制动性直接关系着汽车的行车安全。只有在保证行车安全的前提下，才能充分发挥汽车的其他使用性能，诸如提高汽车车速、汽车的机动性能等。汽车的制动性主要从制动效能、制动抗热衰退性和制动稳定性3个方面来评价。

1. 制动效能的评价指标

车辆的制动效能是指车辆在行驶中能强制地减速以致停车，或下长坡时维持一定速度的能力。评价制动效能的指标有制动距离、制动减速度、制动力和制动时间。

为了更好地理解制动效能的评价指标，需对车辆的制动过程进行分析。图 5-1 是根据实测的汽车制动过程中的制动减速度随时间的变化曲线而绘制的理想的制动减速度 j_a 随制动时间变化的曲线。

当驾驶员接收到需进行紧急制动的信号时（即图 5-1 中的 a 点），并没有立即采取行动，而要经过 t'_0 秒后才意识到应进行紧急制动，从 b 点移动右脚，经过 t''_0 秒后到 c 点，开始踩制动踏板。从 a 点到 c 点的时间称为驾驶员的反应时间。

到 c 点后，驾驶员踩下制动踏板，踏板力迅速增加以致达到最大值。但由于制动踏板有一定的自由行程，而且要克服蹄片回位弹簧的拉力，所以要经过 t_1 秒后到达 d 点，这时制动器才开始产生制动作用，使汽车开始减速。这段时间称为制动系的反应时间。

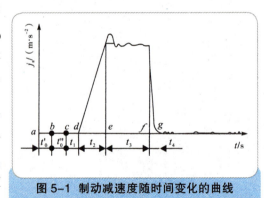

图 5-1 制动减速度随时间变化的曲线

由 d 点到 e 点是制动器的制动力的增长过程，车辆从开始产生减速度到最大稳定减速度所需要的时间 t_2 一般称为制动减速度（或制动力）上升时间。

从 e 点到 f 点为持续制动时间 t_3，此间制动减速度基本不变。

到 f 点时，制动减速度开始消减，但制动解除还需要一段时间 t_4，这段时间称为制动释放时间。

综上所述，制动的全过程包括驾驶员发现信号后做出行动的反应、制动器开始起作用持续制动和制动释放几个阶段。而驾驶员的反应时间只与驾驶员自身有关，与车辆无关，在检验车辆时，可暂不考虑。驾驶员松开制动踏板后，制动释放时间对下次起步行车会带来影响，而对本次制动过程没有影响。所以，在研究制动性能时，着重研究从驾驶员踏着制动踏板开始到车辆停住这段时间（$t_1+t_2+t_3$）内车辆的制动过程。

不过，制动释放时间 t_0 对正常高速运行的汽车在"点刹"时带来的影响不可忽视，特别是同一轴上左、右车轮的制动释放时间不一致，会造成高速运行的汽车在"点刹"时出现"跑偏"现象，影响汽车的安全运行。

（1）制动距离

制动距离是反映车辆制动效能比较简单而又直观的指标。

制动距离是指车辆在一定的速度下制动，从脚接触制动踏板（或手触动制动手柄）时起至车辆停住时止，车辆所驶过的距离。它包括制动系反应时间、制动减速度上升时间和以最大稳定减速度持续制动的时间内经过的全过程车辆行驶的距离。

车辆制动系调整的好坏、制动系反应时间的长短、制动力上升的快慢及制动力使车辆产生减速度的大小等，均包含在制动距离指标中。它作为综合的制动性能指标，被大多数国家评价制动性能所采用。

制动距离是评价汽车制动性能最直观的指标。从行车安全的角度来看，在行车中，当遇到某些需要减速或需要采取紧急制动措施的情况时，汽车能在较短的距离内停下来，可以认为该车的制动性能良好。

用制动距离检验车辆的制动性能具有一定的准确性。当用仪器测取车辆的制动距离时，对同一辆车在相同的车速和踏板气压（或踏板力）下，在同一路段试验多次，其测得的结果相同或很接近，试验的重复性较好，说明用制动距离来评价该车辆的制动性能可达到一定的准确度。

制动距离是一个反映整车制动性能的指标，它不能反映出各个车轮的制动状况及制动力的分配情况。当制动距离较长时，也反映不出车辆的具体故障。

（2）制动减速度

对于某一具体车辆而言，制动减速度与地面制动力是等效的。因此也常用制动减速度作为评价制动效能的指标。

制动减速度与地面制动力 F 及车辆总重量 G_a 有关，用下式表示：

$$j = \frac{g}{\delta G_a} F$$

式中　G_a——汽车总重量；
　　　g——重力加速度；
　　　δ——汽车回转质量转换系数。

制动减速度按测试、取值和计算方法的不同，可分为制动稳定减速度和充分发出的平均减速度。

① 制动稳定减速度 j_a（m/s²）

用制动减速仪测取的制动减速度随时间的变化曲线中，取其最大稳定值（图 5-1 所示的 t_3 范围对应的稳定减速度值）为制动稳定减速度，以 j_a 表示。

假设脱开发动机进行制动，并且车辆的各轮同时制动到全滑移状态，根据制动平衡方程式，得出如下结果：

$$j_a = \phi G_a$$

式中　j_a——车辆的制动稳定减速度，m/s²；
　　　ϕ——轮胎与路面的附着系数。
　　　G_a 意义同前。

这就是说，当汽车制动到全滑移状态时，制动稳定减速度等于路面的附着系数和重力加速度的乘积。

制动稳定减速度也是评价车辆制动性能的指标之一。用制动减速仪来检验车辆的制动减速度时，从理论上讲，制动初速度的大小对测量值没有影响；测试时，受路面不平整度的影响较小；测量仪器本身结构简单，使用方便。

②充分发出的平均减速度 MFDD（m/s²）

充分发出的平均减速度，是在车辆制动试验中，用速度计测得了在制动过程中车辆的速度和驶过的距离的情况下，以速度 $v_b \sim v_e$ 驶过的距离，根据下列公式计算的平均减速度：

$$\text{MFDD} = \frac{v_b^2 - v_e^2}{25.92(S_e - S_b)}$$

式中　MFDD——充分发出的平均减速度，m/s²；
　　　v_b——车辆的速度为 $0.8v_0$，km/h；
　　　v_e——车辆的速度为 $0.1v_0$，km/h；
　　　S_b——在速度 v_0 和 v_b 之间车辆驶过的距离，m；
　　　S_e——在速度 v_0 和 v_e 之间车辆驶过的距离，m。

其中，v_0 为制动初速度，km/h。

当制动过程比较平稳，制动减速度比较稳定时，也可以认为充分发出的平均减速度 MFDD 是采样时段的平均减速度，即为

$$\text{MFDD} = \frac{v_b - v_e}{3.6 t_{be}}$$

式中　t_{be}——汽车速度由 v_b 降低至 v_e 所用的时间。

上面公式中的速度和距离，应采用速度精度为 ±1% 的仪器进行测量。充分发出的平均减速度也可用其他方法来确定。无论采用哪种方法，MFDD 的精度应在 ±3% 以内。

充分发出的平均减速度不受测试时车辆倾角的影响，能较准确反映车辆的制动减速特性。

（3）制动力

车辆在行驶中，能强制地减速以致停车，最本质的因素是制动器所产生的摩擦阻力，这就是制动力。因此，"制动力"这个参数是从本质上评价制动性能的指标。

当车轮同时制动到全滑移状态时，制动力 P_T 与制动减速度的关系如下式所示：

$$P_{\text{T}} = mj_{\text{a}} = \frac{G_{\text{a}}}{g}j_{\text{a}}$$

从式中可以看出，制动减速度是随制动力的增加而增大的。

用制动力这一指标来评价车辆的制动性能，不仅可以规定整车制动力的大小，而且还可对前后轴制动力的合理分配及每轴两轮平衡制动力差提出要求，从而保证车辆各轮制动效能良好，并且可使各轮的附着重量得到合理的发挥。

为了较全面地检验车辆的制动性能，用制动力作为评价指标时，在规定了制动力的大小、制动力的合理分配及平衡制动力差的同时，还要规定制动协调时间。

用制动检测台检测制动力来评价车辆的制动性能，主要反映制动系对整车制动性能的影响，而反映不出制动系以外的因素（如悬架钢板弹簧的刚度不同等）对整车制动性能的影响。

（4）制动时间

从图5-1可以看出，用测量制动系反应时间t_1、制动减速度上升时间t_2、在最大减速度下持续制动时间t_3、制动释放时间t_4，也可以评价车辆制动性能的好坏，其中主要是持续制动时间t_3，但制动系反应时间t_1和制动减速度上升时间t_2，也就是制动协调时间（t_1+t_2）对制动距离的影响，也是不可忽视的。制动系反应时间的长短，可反映出制动系调整的状况，特别是制动踏板自由行程调整是否合适。制动力（或制动减速度）上升时间t_2的长短，可以反映出制动力（或制动减速度）上升的快慢，从而间接地反映出制动性能的优劣。制动释放时间t_4，可以反映出从松开制动踏板到制动完全消除所需要的时间，从而看出制动释放是否满足使用要求。

制动时间是一个间接评价制动性能的指标，一般很少将它作为一个单独的参数来评价车辆的制动性能，但是，它作为一个辅助的评价指标，有时还是不可缺少的。

2. 制动抗热衰退性的评价

汽车制动抗热衰退性能是指汽车高速制动、短时间重复制动或下坡连续制动时制动效能的热稳定性。制动过程实际上就是制动器产生摩擦阻力的过程。制动过程中制动器温度不断提高，制动器摩擦因数下降，制动器摩擦阻力矩减小，从而使制动能力降低，这种现象称热衰退现象。因此，可以用制动器处于热状态时能否保持冷状态时的制动效能来评价汽车制动抗热衰退性能。制动抗热衰退性是衡量制动效能恒定性的一个指标。随着高速公路的发展及汽车车速的提高，汽车制动性能的恒定性要求也越来越高，但由于测试方法较复杂，在一般汽车综合检测站较难实施，对于在用汽车也无须检测制动抗热衰退性。

3. 制动稳定性的评价

汽车在制动过程中有时出现制动跑偏、侧滑，而使汽车失去控制而偏离原来的行驶方向，甚至发生驶入对方车辆行驶轨道、下沟或滑下山坡等危险情况。汽车在制动过程中维持直线行驶的能力或按预定弯道行驶的能力，称为制动时汽车的方向稳定性，也就是本书所说的制动稳定性。

制动稳定性通常用制动时按给定轨迹行驶的能力来评价,即按汽车制动时维持直线行驶或预定弯道行驶的能力来评价。在国际上,通常是规定汽车直线行驶,在一定的速度下制动时,不偏离规定的试车通道来评价。《机动车运行安全技术条件》(GB 7258—2012)标准也采用这种方法来评价制动稳定性。

在台试检验汽车的制动性能时,通常用汽车各轴左、右轮制动力的平衡情况来评价汽车的制动稳定性。

车辆的制动稳定性差主要表现为"制动跑偏"和"车轮侧滑"。制动跑偏是指车辆制动时不能按直线方向减速或停车,而无控制地向左或向右偏驶的现象。

影响制动跑偏的因素很多。产生跑偏的主要原因是汽车左、右轮制动器制动力不相等或制动力增长的快慢不一致。特别是转向轮左、右轮制动器的制动力不相等,更容易引起跑偏。悬架系统的结构与刚度、车轮定位角度、轮胎的机械特性、道路状况、轮荷的分配状态等,都会引起跑偏。此外,制动时悬架导向杆系在运动学上的不协调,也会引起车辆跑偏。

汽车在制动过程中,当车轮未抱死制动时,车轮尚具有承受一定侧向力的能力。在一般横向干扰力的作用下不会发生制动侧滑现象。但当车轮抱死制动时,车轮承受侧向力的能力几乎全部丧失,这时汽车在横向干扰力的作用下极易发生侧滑。

侧滑对汽车制动稳定性的影响取决于发生车轮抱死滑移的位置,一般制动时前轮先抱死滑移,车辆能维持直线减速停车,汽车处于稳定状态。但此时车辆将丧失转向能力,对在弯道上行驶的车辆是十分危险的。若后轮比前轮提前一定的时间先抱死,车辆在侧向干扰力的作用下将发生急剧甩尾或旋转,使车辆丧失制动稳定性。高速行驶的车辆出现这种制动不稳定现象就更加危险。

汽车制动跑偏与制动时车轮侧滑是有联系的。严重的跑偏常会引起后轮的侧滑。制动时易于发生后轮侧滑的汽车也有加剧跑偏的倾向。

为了提高车辆的制动稳定性,首先在设计时,就应保证各轮制动力适当并应在各轴间合理分配,有的在汽车上装有制动力分配调节装置,如限压阀、比例阀、感载阀等,近年已发展到采用计算机控制的汽车电子防抱死制动装置等。在车辆投入使用后,应经常检查、调整,以保持左、右轮制动力平衡,提高制动稳定性。

当车辆抱死产生侧滑时,应立即放松制动踏板,停止制动,降低车速,把转向盘朝着侧滑的一方转动。当车辆的位置调整后,要平稳地把转向盘转到原来的位置。

前面讨论的评价指标主要用于评价汽车制动时制动性能的好坏。然而,一旦需要解除制动时,制动装置能否迅速而彻底地解除制动,也会影响行车安全。

在行车中,踏下制动踏板后,再抬起踏板,若不能迅速解除制动,而仍有制动作用,这种现象称为制动拖滞。车辆制动拖滞现象的出现,虽然不能立即引起行车事故,但如果不及时排除故障,将会导致制动系统损坏,特别是制动器过热,制动蹄片烧蚀,降低车辆的制动性能。因此,控制车辆阻滞力也列入制动性能的检测项目。

二、影响汽车制动性的主要因素

影响汽车制动性的主要因素可以概括为4个方面:制动器的结构、汽车的使用条件、汽车的维修保养和驾驶员使用情况。

1. 制动器的结构

目前，各类汽车摩擦制动器可分为鼓式和盘式两大类。前者的摩擦副中的旋转元件为制动鼓，其工作表面为圆柱体；后者的旋转元件则为圆盘状的制动盘，以端面为工作表面。盘式制动器与鼓式制动器相比具有以下几个优点。

1）热稳定性好。原因是一般无自行增力作用，衬块摩擦表面的压力分布比鼓式制动器中的衬片更为均匀。此外，制动鼓在受热膨胀后，工作半径增大，使其只能与蹄的中部接触，从而降低了制动效能，这称为制动热衰退。制动盘的轴向膨胀极小，径向膨胀与性能无关，故无机械衰退问题。

2）水稳定性好。制动块对盘的单位压力高，易于将水挤出，因而浸水后效能降低不多；又由于离心力作用及衬块对盘的擦拭作用，出水后只需经一两次制动即能恢复正常。

3）在输出制动力矩相同的情况下，尺寸和质量一般较小，更换制动衬片简单容易。同时压力分布均匀，故衬块磨损也均匀。

盘式制动器主要有以下几个缺点。

1）效能较低，故用于液压制动系时所需的制动促动管路压力较高，一般要用伺服装置。

2）兼用于驻车制动时，需要加装的驻车制动传动装置比鼓式制动器复杂，因而在后轮上的应用受到限制。

目前，盘式制动器已广泛应用于轿车，但除了在一些高性能轿车上用于全部车轮以外，大多只用作前轮制动器，与后轮的鼓式制动器相配合，以期获得较高车速下制动时的方向稳定性。

目前，盘式制动器在货车上的应用也不少，但距普及还有一定距离。

车轮制动器的摩擦副、制动鼓的构造和材料，对于制动器的摩擦力矩和制动效能的热衰退都有很大影响。在设计制造中应选好的结构形式及材料，在使用维修中也应注意摩擦片的选用。制动器的结构形式不同，其制动效率也不同。制动效能因数大，则在制动鼓半径和制动器张力相同的条件下，制动器所能产生的制动力矩也大。但当制动器摩擦副的摩擦因数下降时，其制动力矩将显著下降，制动稳定性较差。

2. 汽车的使用条件

汽车的使用条件包括路面条件、驾驶速度、汽车轴间负荷的分配、负载质量等，这些均对制动过程有很大影响。

汽车受到与行驶方向相反的外力作用时，才能从一定的速度制动到较小的车速直至停车。这个外力只能由地面和空气提供。但由于空气阻力相对较小，所以实际上外力主要是由地面提供的，称之为地面制动力。地面制动力对汽车的制动性能具有决定性作用，它的大小由路面情况决定，平整、干燥、干净的路面能够提供相对较大的地面制动力。

汽车行驶时可能遇到两种附着能力很小的危险情况。一种情况是刚开始下雨，路面上只有少量雨水时，雨水与路面上的尘土、油污混合，形成黏度高的水液，滚动的轮胎无法排挤出胎面与路面间的水液膜；由于水液膜的润滑作用，附着性能将大大降低，平滑的路面有时会同冰雪路面一样滑。另外一种情况是高速行驶的汽车经过有积水的路面，出现了滑水现象。轮胎在有积水层的路面上滚动时，其接触面如图5-2所示，分为3个区域：A 区是水膜区；C 区是胎面与路面直接接触产生附着力的主要区域；B 区是 A 区、C 区的过渡区，是部分穿透水膜区，路面的突出部分与胎面接触，提供部分附着力。轮胎低速滚动时，由于水的黏滞性，接触面前部的水需要一定时间才能挤出，所以接触面中轮胎胎面的前部将越过楔形水膜（即 A 区）滚动。

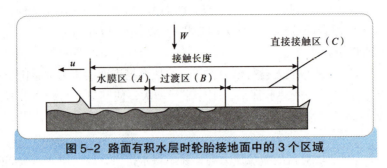

图 5-2 路面有积水层时轮胎接地面中的 3 个区域

车速提高后，高速滚动的轮胎迅速排挤水层，由于水的惯性，接触区的前部的水层中产生动压力，其值与车速的二次方成正比。压力使胎面与地面分开，即随着车速的增加，A 区水膜在接触区中向后扩展，B、C 区相对缩小；在某一车速下，当胎面下的动水压力等于垂直载荷时，轮胎将完全漂浮在水膜上面而与路面毫不接触，B、C 区不复存在。这就是滑水现象。

汽车制动时，前轴负荷增加，后轴负荷减小。如果前、后轮制动器的制动力根据轴间负荷的变化分配，符合理想分配的条件，则前、后轮同时抱死；如果前、后轮制动器的制动力的比例为定值，则只有在具有同步附着系数的路面上，前、后轮才能同时抱死。

为了防止制动时后轮抱死而发生危险的侧滑，汽车制动系的前、后轮制动器的制动力的实际分配线应当总在理想的前、后轮制动器的制动力分配曲线（I 曲线）下方，如图 5-3 所示。为了降低前轮失去转向能力的倾向和提高制动系的效率，实际分配线越接近，制动力的分配就越好。如果能根据需要改变实际分配线使之达到上述目的，将比前、后轮制动器制动力具有固定比值的汽车具有更大的优越性。为此，在现代汽车制动系中都装有各种压力调节装置。

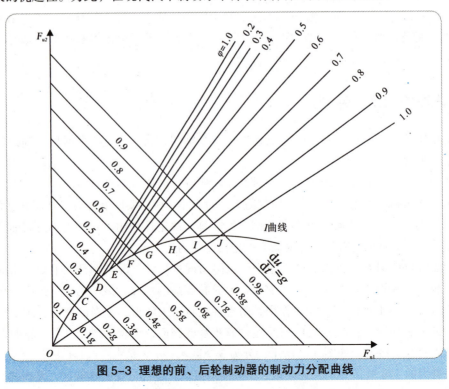

图 5-3 理想的前、后轮制动器的制动力分配曲线

常见压力调节装置有限压阀、比例阀、载荷控制比阀、载荷控制限压阀。当制动系油压达到某一值以后，比例阀自动调节前、后轮制动器的油压，使前、后轮制动器制动力仍维持直线关系，但直线的斜率小于1。实际分配线变为折线，实际分配线总在 I 曲线之下而且接近 I 曲线，但它仅适合于一种载荷下的实际分配线与 I 曲线配合。

采用按理想的制动器制动力分配曲线来改变实际分配线的制动系，能提高汽车制动时的稳定性。对于负载质量较大的汽车，因前、后轮的制动器设计一般不能保证在任何道路条件下都使其制动力同时达到附着极限，所以汽车的制动距离就会因负载质量的不同而产生差异。实践证明，对于负载质量为3t以上的汽车，大约负载质量每增加1t，其制动距离平均要增加1.0m，即使是同一辆汽车，在负载质量和方式发生变化时，由于重心位置变动，也会影响汽车的制动距离。

3. 汽车的维修保养

汽车的维修保养主要是指对制动系的保养，包括制动盘、制动鼓、制动衬片、制动液的更换，以及制动器间隙的调节和轮胎的选择和更换等。制动摩擦片的表面不清洁，如沾有油、水或污泥，则摩擦因数将减小，制动力矩即随之降低；如汽车涉水后水渗入制动器，其摩擦因数将急剧下降20%～30%。制动液也是液压系统的重要组成部分，它的质量对制动系的工作可靠性有很大影响。制动液若汽化，将在管路中产生气阻现象，使制动系失效，所以需要定期更换制动液。制动盘、鼓的更换更是维修保养的重点，当制动盘、鼓的厚度低于安全厚度时应立即更换，否则将严重影响制动器性能。

4. 驾驶员使用情况

驾驶员的驾驶技术对汽车的制动性有很大影响。制动时，如能保持车轮接近抱死而未抱死的状态，便可获得最佳的制动效果。实践经验证明，在制动时，如迅速交替踩下和放松制动踏板，即可提高其制动效果。因为，此时车轮边滚边滑，轮胎着地部分不断变换，故可避免由于轮胎局部剧烈发热使胎面温度上升而降低制动效果。在紧急制动时，驾驶员如果能急速踩下制动踏板，则制动系的协调时间将缩短，从而缩短制动距离。此外，当汽车在光滑路面上行驶时不可猛烈踩制动踏板，以免因制动力过大而超过附着极限，导致汽车侧滑。

任务二 汽车制动性的检测

汽车制动性的检测分为台试检测和路试检测。《机动车运行安全技术条件》中除对汽车制动系提出了主要技术条件外,还分别规定了台试检测和路试检测的检测项目、检测方法及相应的技术要求。

一、台试检测

1. 检测项目

台试检测项目主要包括制动力、制动力平衡、车轮阻滞力和制动协调时间等。

2. 制动检测台的类型

1）按测试原理不同,可分为反力式和惯性式两类。
2）按检验台支撑车轮形式不同,可分为滚筒式和平板式两类。
3）按检测参数不同,可分为测制动力式、测制动距离式、测制动减速度式和综合式4种。
4）按检验台的测量、指示装置、传递信号方式不同,可分为机械式、液力式和电气式3类。

目前,国内汽车综合性能检测站所用制动检验设备多为反力式滚筒制动检验台和平板式制动检验台。

3. 检测方法

（1）反力式滚筒制动检验台

① 检测前仪器及车辆准备
- 检验台滚筒表面清洁,无异物及油污,仪表清零。
- 车辆轮胎气压、花纹深度符合标准规定,胎面清洁。
- 将踏板力计装到制动踏板上。

② 检测过程
- 车辆对正居中地驶入试验台,将被测轮停放在制动台前、后滚筒间,变速器置于空挡。
- 降下举升器,起动电动机,保持一定采样时间（约5 s）,测得阻滞力。
- 根据提示,踩下制动踏板,测量最大制动力数值。

- 电动机停转，举升器升起，被测轮驶离。

按以上程序依此测试其他车轮。若检测驻车制动，则拉紧驻车制动操纵装置，测量驻车制动力数值。

- 卸下踏板力计，车辆驶离。

③ 注意事项

- 车辆进入检验台时，轮胎不得夹有泥、沙等杂物，除驾驶员外，不得有其他乘员。
- 测制动时不得转动转向盘。
- 在制动检验时，车轮如在滚筒上抱死，制动力未达到要求时，可换用路试或其他方法检测。
- 空载检测时，对于气压制动系，气压表的指示气压不大于 600 kPa；对于液压制动系，乘用车的踏板力不大于 400 N；对于其他机动车的制动系，踏板力不大于 450 N。

（2）平板式制动检验台

① 检测前仪器及车辆准备

- 检验台滚筒表面清洁，无异物及油污，仪表清零。
- 车辆轮胎气压、花纹深度符合标准规定，胎面清洁。
- 将踏板力计装到制动踏板上。

② 检测过程

驾驶员以 5～10 km/h 速度将车辆对正并驶上平板，置变速器于空挡并紧急制动。系统将给出行车制动测试结果及悬架效率。

车辆继续前进，等后轮驶上平板时（实际操作以设备说明书规定的方法为准），置变速器于空挡并驻车制动。系统将给出驻车制动测试结果。

◎ 小贴士

1）轴重大于检验台允许重量的汽车，请勿开上检验台。
2）车辆进入检验台时，轮胎不得夹有泥、沙等杂物；不应让油、水、泥、沙等进入试验台内。
3）空载检验时，对于气压制动系，气压表的指示气压不大于 600 kPa；对于液压制动系统，乘用车的踏板力不大于 400 N；对于其他机动车的制动系，踏板力不大于 450 N。
4）不要在检验台上进行车辆维修作业。

4. 技术要求

1）制动力要求：前轴制动力与前轴荷之比不小于 60%；制动力总和与整车重量之比，空载时不小于 60%，满载时不小于 50%；乘用车和总质量不大于 3 500 kg 的货车的后轴制动力与后轴荷之比不小于 20%。

2）制动平衡要求：在制动力增长的全过程中同时测得的左、右轮制动力差的最大值，与全过程中测得的该轴左、右轮最大制动力之比，前轴不应大于20%；对于后轴（及其他轴），当轴制动力不小于该轴轴荷的60%时，不应大于24%；当后轴（及其他轴）轴制动力小于该轴轴荷的60%时，在制动力增长全过程中同时测得的左、右轮制动力差的最大值不应大于该轴轴荷的8%。

3）阻滞力要求：进行制动力检测时，车辆各轮的阻滞力均不得大于该轴轴荷的5%。

4）驻车制动力要求：驻车制动力总和应不小于该车在测试状态下整车质量的20%；对于总质量为整备质量1.2倍以下的车辆，此值为15%。

5）制动完全释放时间要求：汽车制动完全释放时间（从松开制动踏板到制动消除所需要的时间）不大于0.80 s。

二、路试检测

1. 检测项目

路试的主要检验项目有制动距离、充分发出的平均减速度、制动稳定性、制动协调时间、驻车制动坡度等。

2. 检测方法

1）路试检验制动性能应在平坦（坡度不应大于1%）、干燥和清洁的硬路面（轮胎与路面之间的附着系数不应小于0.7）上进行。

2）在试验路面上画出《机动车运行安全技术条件》（GB 7258—2012）规定宽度的试验通道的边线，被测机动车沿着试验车道的中线行驶至高于规定的初速度后，置变速器于空挡（自动变速的机动车可置变速器于D挡），当滑行到规定的初速度时，急踩制动踏板，使机动车停止。

3）用制动距离检验行车制动性能时，采用速度计、第五轮仪或用其他测试方法测量机动车的制动距离，对除气压制动外的机动车还应同时检测踏板力（或手操纵力）。

4）用充分发出的平均减速度检验行车制动性能时，采用能够检测充分发出的平均减速度（MFDD）和制动协调时间的仪器测量机动车充分发出的平均减速度（MFDD）和制动协调时间，对除气压制动外的机动车还应同时检测踏板力（或手操纵力）。

3. 技术要求

路试检测制动性能应符合表5-1~表5-7的规定。

表5-1 制动距离和制动稳定性要求

车辆类型	制动初速度（km/h）	满载检验制动距离要求（m）	空载检验制动距离要求（m）	制动稳定性要求，车辆任何部位不得超出的试车道宽（m）
三轮汽车	20	≤ 5.0		2.5
乘用车	50	≤ 20.0	≤ 19.0	2.5
总质量不大于3 500 kg的低速货车	30	≤ 9.0	≤ 8.0	2.5
其他总质量不大于3 500 kg的汽车	50	≤ 22.0	≤ 21.0	2.5
其他汽车、汽车列车	30	≤ 10	≤ 9.0	3

表 5-2 制动减速度和制动稳定性要求

车辆类型	制动初速度（km/h）	满载检验制动距离要求（m/s²）	空载检验 MFDD（m/s²）	制动稳定性要求，车辆任何部位不得超出的试车道宽（m）
三轮汽车	20	≥ 3.8		2.5
乘用车	50	≥ 5.9	≥ 6.2	2.5
总质量不大于 3 500 kg 的低速货车	30	≥ 5.2	≥ 5.6	2.5
其他总质量不大于 3 500 kg 的汽车	50	≥ 5.4	≥ 5.8	2.5
其他汽车、汽车列车	30	≥ 5.0	≥ 5.4	3

表 5-3 制动性能检验时制动踏板力或制动气压要求

检验项目		空载	满载
气压制动系气压表指示气压 (kPa)		≤ 600	≤额定工作气压
液压制动器踏板力 (N)	乘用车	≤ 400	≤ 500
	其他汽车	≤ 450	≤ 700
	三轮汽车	≤ 600	—

表 5-4 空载状态驻车制动性能要求

车辆类型	轮胎与路面间附着系数	停车坡道坡度（车辆正反向，%）	保持时间 (min)
总质量/整备质量小于 1.2t	≥ 0.7	15	≥ 5
其他车辆	≥ 0.7	20	≥ 5

表 5-5 驻车制动性能检验时操纵力

车辆类型	手操纵力（N）	脚操纵力（N）
乘用车	≤ 400	≤ 500
其他车辆	≤ 600	≤ 700

表 5-6 应急制动性能要求

车辆类型	制动初速度(km/h)	制动距离（m）	充分发出的平均减速度（m/s²）	手操纵力（N）	脚操纵力（N）
乘用车	50	≤ 38.0	≥ 2.9	≤ 400	≤ 500
客车	30	≤ 18.0	≥ 2.5	≤ 600	≤ 700
其他汽车（三轮汽车除外）	30	≤ 20.0	≥ 2.2	≤ 600	≤ 700

表 5-7 驻车制动性能检验时操纵力

车辆类型	制动协调时间（s）
液压制动的汽车	≤ 0.35
气压制动的汽车	≤ 0.60
汽车列车和铰接客车、铰接无轨电车	≤ 0.8

三、制动检测台的结构原理

1. 反力式滚筒制动检验台的结构及制动原理

（1）反力式滚筒制动检验台的结构

反力式滚筒制动检验台的原理图及结构简图分别如图5-4和图5-5所示，现行的产品制造执行标准为《滚筒反力式汽车制动检验台》。它由结构完全相同的、左右两套对称的车轮制动力测试单元和一套指示、控制装置组成。每一套车轮制动力测试单元由框架（多数检验台将左、右测试单元的框架制成一体）、驱动装置、滚筒组、举升装置、测量装置等构成。

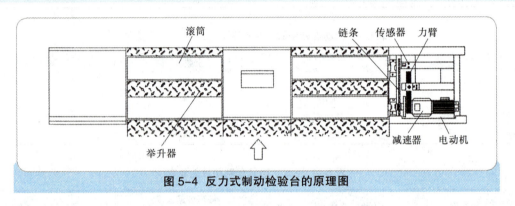

图5-4 反力式制动检验台的原理图

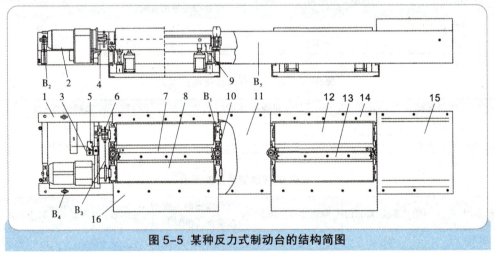

图5-5 某种反力式制动台的结构简图

1—框架；2—减速机组件；3—力臂支架；4—主滚筒链轮；5—光电开关支架；6—副滚筒链轮；7—左制动第三滚筒；8—左制动主滚筒；9—举升器导向；10—轮胎挡轮；11—中间盖板；12—右制动副滚筒；13—右制动举升器；14—右制动出车端边盖板；15—右制动边盖板；16—左制动引板；B_1—滚筒轴承；B_2—电动机轴承；B_3—链条；B_4—吊环；B_5—框架侧向螺栓

①驱动装置

驱动装置由电动机、减速器和链传动组成。电动机经过减速器减速后驱动主动滚筒，主动滚筒通过链传动带动从动滚筒旋转。减速器输出轴与主动滚筒同轴连接或通过链条、传动带连接，减速器壳体为浮动连接（即可绕主动滚筒轴自由摆动）。日制式制动台测试车速较低，一般为 0.1～0.18 km/h，驱动电动机的功率较小，一般为 2×0.6～2×2.2 kW；欧制式制动台测试车速为 2.0～5 km/h，驱动电动机的功率较大，一般为 2×3～2×11 kW。减速器的作用是减速增扭，其减速比根据电动机的转速和滚筒测试转速确定。由于测试车速低，滚筒转速也较低，一般在 40～100 r/min 之间（日制式检验台转速则更低，甚至低于 10 r/min），因此要求减速器减速比较大，一般采用两级齿轮减速或一级涡轮蜗杆减速与一级齿轮减速。

理论分析与试验表明，滚筒表面线速度过低时测取协调时间偏长、制动重复性较差，若滚筒表面线速度过高则对车轮损伤较大，《滚筒反力式汽车制动检验台》（GB/T 13564—2005）推荐使用滚筒表面线速度为 2.5 km/h 左右的制动台。

② 滚筒组

每一个车轮制动力测试单元设置一对主、从动滚筒。每个滚筒的两端分别用滚筒轴承与轴承座支承在框架上，且保持两滚筒轴线平行。滚筒相当于一个活动的路面，用来支承被检车辆的车轮，并承受和传递制动力。汽车轮胎与滚筒间的附着系数将直接影响制动检验台所能测得的制动力的大小。为了增大滚筒与轮胎间的附着系数，滚筒表面都进行了相应的加工与处理。《滚筒反力式汽车制动检验台》要求滚筒表面附着系数不小于 0.6。目前，应用较多的有下列 5 种。

● 开有纵向浅槽的金属滚筒。在滚筒外圆表面沿轴向开有若干个间隔均匀、有一定深度的沟槽。这种滚筒表面的附着系数最高可达 0.65。当表面磨损且粘有油、水时，附着系数将急剧下降。

● 表面粘有砂粒的金属滚筒。这种滚筒表面无论干或湿，其附着系数均可达 0.8 以上。

● 表面带有嵌砂喷焊层的金属滚筒。喷焊层材料选用 NiCrBSi 自熔性合金粉末及钢砂。这种滚筒表面的附着系数可达 0.9 以上，其耐磨性也较好。

● 高硅合金铸铁滚筒。这种滚筒表面带槽，耐磨，附着系数可达 0.6～0.8，价格便宜。

● 表面带有特殊水泥覆盖层的滚筒。这种滚筒表面比金属滚筒耐磨，表面附着系数可达 0.6～0.8，但表面易被油污与橡胶粉粒附着，使附着系数降低。

滚筒直径与两滚筒间中心距的大小，对检验台的性能有较大影响。滚筒直径增大有利于改善与车轮之间的附着情况，增加测试车速，使检测过程更接近实际制动状况，但必须相应增加驱动电动机的功率。而且随着滚筒直径的增加，两滚筒间的中心距也需相应增加，才能保证合适的安置角，但这样可使检验台的结构尺寸相应增大、制造要求提高。《滚筒反力式汽车制动检验台》推荐使用直径为 245mm 左右的制动台。

有的滚筒制动检验台在主、从动滚筒之间设置一个直径较小且既可自转又可上下摆动的第三滚筒，平时由弹簧使其保持在最高位置。在设置第三滚筒的制动检验台上取消了举升装置，并在第三滚筒上装有转速传感器。在检验时，将被检车辆的车轮置于主、从动滚筒上，同时压下第三滚筒，并与其保持可靠接触，控制装置通过转速传感器即可获知被测车轮的转动情况。当被检车轮制动，转速下降至接近抱死状态时，控制装置根据转速传感器输出的相应电信号计算滑移率，达到一定值（如 25%）时使驱动电动机停止转动，以防止滚筒剥伤轮胎和保护驱动电动机。第三滚筒除了具有上述作用外，有的检验台还将其作为安全保护装置，只有当两个车轮制动测试单元的第三滚筒同时被压下时，检验台的驱动电动机电路才能接通。

③ 制动力测量装置

制动力测试装置主要由测力杠杆和传感器组成。测力杠杆一端与传感器接触，另一端与减速器壳体连接，被测车轮制动时，测力杠杆与减速器壳体将一起绕主动滚筒（或绕减速器输出轴、电动机枢轴）轴线摆动。传感器将测力杠杆传来的、与制动力成比例的力（或位移）转变成电信号输送到指示、控制装置。传感器有应变测力式、自整角电动机式、电位计式、差动变压器式等多种类型。日制式制动检验台多采用自整角电动机式测量装置，而欧制式以及近期国产制动检验台多采用应变测力式传感器。

④ 举升装置

为了便于汽车出入制动检验台，通常在主、从动两滚筒之间设置举升装置。该装置通常由举升器、举升平板和控制开关等组成。举升器常用的有气压式、电动螺旋式、液压式3种。气压式利用压缩空气驱动气缸中的活塞或使气囊膨胀完成举升作用；电动螺旋式利用电动机通过减速器带动丝母转动，迫使丝杠轴向运动起举升作用；液压式由液压举升缸完成举升动作。有些带有第三滚筒的制动检验台未装举升装置。

⑤ 控制装置

目前，制动检验台控制装置大多数采用电子式。为提高自动化与智能化程度，有的控制装置中配置计算机。指示装置有指针式和数字显示式两种。带计算机的控制装置多配置数字式显示器，但也有一部分配置指针式指示仪表。

（2）反力式滚筒制动检验台的制动原理

如图5-6所示，检测时将汽车轮胎停于主、从滚筒之间，触发制动台的到位开关（或光电开关），控制仪表或系统，采集车轮到位信号后起动电动机，经变速器、链传动和主、从滚筒带动车轮匀速旋转，控制仪器提示驾驶员踩下制动踏板。踩下制动踏板后，车轮在车轮制动器的摩擦力矩下开始减速旋转。此时，电动机驱动的滚筒在车轮轮胎周缘的切线方向产生与车轮制动器力矩相反的制动力，以克服制动器摩擦力矩，维持车轮继续旋转。与此同时，车轮轮胎对滚筒表面沿切线方向附加一个与电动机产生的力矩方向相反且等值的反作用力，在形成的反作用力矩的作用下，减速器外壳与测力杠杆一起朝与滚筒转动相反的方向摆动，测力杠杆一端的测力传感器受力，输出与制动力大小成一定比例的电信号。从测力传感器输出的信号经放大滤波后，送往仪表或A/D转换器转换成数字信号，经计算机或仪表计算处理后，显示结果并输出。另外，在实际使用时，可将第三滚筒的转速信号输入仪表或计算机系统，测试中当车轮与滚筒之间的滑移率下降到预设值时（滑移率是指踩制动踏板后车轮转速下降的值与未踩制动时车轮的转速值之比），仪表或计算机就会发出停止电动机指令，测试完毕，以起到停机保护作用。此外，也有采用软件判断等其他方式控制停机的制动检验台。

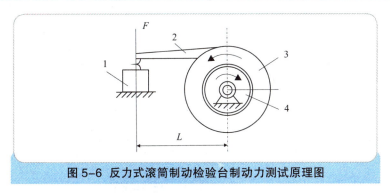

图 5-6 反力式滚筒制动检验台制动力测试原理图

1—传感器；2—测力臂；3—电动机（或变速器）定子；4—电动机转子

2. 平板式制动检验台的结构及制动原理

为满足汽车行驶的制动要求，提高制动稳定性，减少制动时后轴车轮侧滑和甩尾现象的发生，考虑到汽车制动时质量将发生前移，在设计乘用车时，前轴制动力可达到静态轴荷的 140% 左右，而后轴制动力则相对较小。上述制动特性只有在进行道路试验时才能体现，在滚筒反力式制动检验台上，由于受设备结构和试验方法的限制，无法测量前轴最大制动力。

（1）平板式制动检验台的结构

平板式制动检验台结构简单，运动件少，用电量少，日常维护工作量少，可增强工作可靠性。平板式制动检验台模拟实际道路制动过程进行检测，能够反映制动时轴荷转移及车辆其他系统（如悬架结构、刚度等）对制动性能的影响，因此可以较为真实地检测前轴驱动的乘用车的制动效能。但平板式制动检验台对检验员的操作要求较高，同时对不同轴距汽车的适应性也较差，因此，《机动车运行安全技术条件》规定，前轴驱动的乘用车更适宜采用平板式制动检验台进行制动效能检测，一般采用四板组合平板式制动检验台，其结构简图如图 5-7 和图 5-8 所示。它由控制柜、侧滑测试平板、制动-轴荷测试平板、拉力传感器、压力传感器、底板等组成。

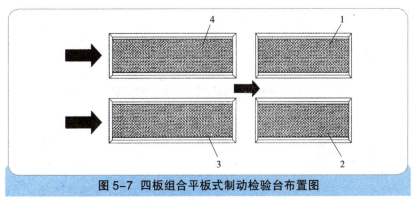

图 5-7 四板组合平板式制动检验台布置图

1—左前轮检测板；2—右前轮检测板；3—左后轮检测板；4—右后轮检测板

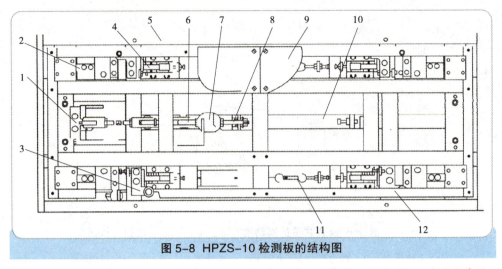

图 5-8 HPZS-10 检测板的结构图

1—制动力传感器；2—称重传感器；3—检测板侧向限位装置；4—检测板纵向限位装置；5—检测板外框架；6—制动力标定传感器连接装置；7—制动力标定传感器；8—标定传感器加载装置；9—检测板粘砂面板；10—底板；11—检测板回位弹簧；12—检测板框架

① 制动力和轮重测试

平板式制动检验台由几块平整的检测板组合安装而成，形成一段模拟路面，检测板工作面采用特殊的粘砂处理工艺（工作面可选用钢丝网格或喷镍，根据客户需要配置），使得表面与车辆轮胎之间具有很高的附着系数。检测时，机动车辆以一定的速度（5～10 km/h）行驶到该平板上并实施制动，此时轮胎对台面产生一个沿行车方向的切向力（见图 5-9）。在车辆驶上检测台面后的全过程中，装在平板制动检测板下面的称重传感器和制动力传感器将车辆轮胎传递的力转换成电信号，经放大滤波后，送往 A/D 转换器转换成数字信号，由计算机处理后显示结果并输出。

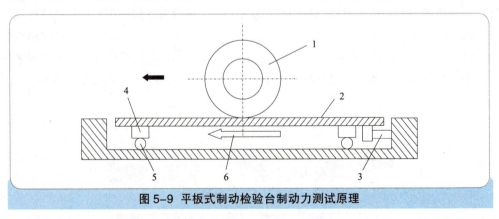

图 5-9 平板式制动检验台制动力测试原理

1—车轮；2—检测板；3—制动力传感器；4—称重传感器；5—钢球；6—制动力的方向

② 悬架效率测试

用平板式制动检验台进行悬架效率测试时，车辆以 5～10km/h 的速度驶上平板台后，驾驶员迅速踩下制动踏板，车轮制动并停在平板上，此时车轮处的负重发生变化，主要是由于制动时前、后车轴间的负荷转移及车身通过悬架在车轮上的振动而引起的。车身加速向下时,车轮处负重增加;车身加速向上时,车轮负重减少。图5-10所示的曲线是平板台在显示悬架效率测试结果时给出的前、后车轮处的负重随时间变化的动态轮荷曲线。由于车辆的悬架系统能衰减、吸收车身的振动,所以,车身的振动经过一段时间后就会消失,故图5-10中曲线的后段逐渐平直并接近0点高度(车轮处于静态负重值)。图5-10中的曲线完整地反映了制动引起的车身振动被悬架系统逐渐衰减的过程,然后计算机可根据特定的公式计算出车辆的悬架效率测试结果。

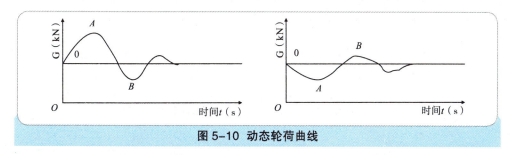

图5-10 动态轮荷曲线

(2)平板式制动检验台的制动原理

测试平板是制动力和垂直力的承受与传递装置,它是一块长方形钢板,下面4个角上安置4个压力传感器,压力传感器底部加工成可以放置钢珠的纵向V形沟槽,底板与压力传感器底部的纵向沟槽对应处也设有4条可以放置钢珠的纵向沟槽。这样,测试平板既可以通过钢珠在底板上沿纵向移动,又可以通过钢珠将作用于测试平板上的垂直力传递到底板上。此外,测试平板还通过一根装有拉力传感器的纵向拉杆连接在底板上。当汽车行驶到4块测试平板上进行制动时,这些压力传感器和拉力传感器就能同时测出每个车轮作用于测试平板上的制动力与垂直力。

● 平板制动检验是一个动态过程,在制动过程中,数据变化很快,当前轴左、右轮的制动力达到最大值时,各轮对应的轮重也基本是最大值,但制动力与对应轮重达到最大值的时刻并不严格一致;当后轴左、右轮的制动力达到最大值时,各轮对应轮重在最小值附近(见图5-11和图5-12)。

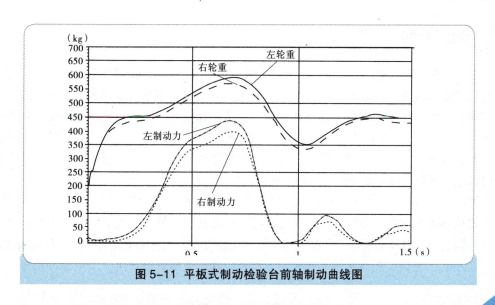

图5-11 平板式制动检验台前轴制动曲线图

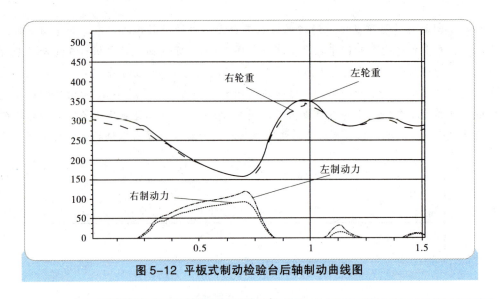

图 5-12 平板式制动检验台后轴制动曲线图

● 对于乘用车，计算轴制动率时，轴荷取动态轴荷，明确取左、右轮制动力达到最大值时所分别对应的左、右轮荷之和为动态轮荷。计算时，整车动态轮荷为各轴动态轮荷之和。对乘用车计算驻车制动率、整车制动率、制动不平衡率时，均按静态轴荷计算。

● 制动不平衡率计算区间。从踩制动开始，到同轴左、右轮任一车轮达到最大制动力的时刻为取值区间。

四、五轮仪的机构原理

在路试中检测汽车整车性能时，经常要使用五轮仪，它可以测出车辆行驶的距离、时间和速度。当五轮仪用于检测汽车制动性能时，能测出制动初速度、制动距离和制动时间等参数。

五轮仪主要有机械式、电子式和微机式3种类型。五轮仪一般由传感器和记录仪两部分组成，并附带一个脚踏开关。传感器部分与记录仪部分由导线（信号线）连接。脚踏开关带有触点的一端套在制动踏板上，另一端插接在记录仪上。

1. 传感器部分

传感器部分的作用是把汽车行驶的距离转变成电信号。它一般由充气车轮、传感器、支架、减振器和连接装置等组成，如图5-13所示。充气车轮为轮胎式，安装在支架上，支架通过连接装置固定在汽车的侧面或尾部的车身上。在其减振器压簧的作用下，充气车轮紧贴地面，并随汽车的行驶而滚动。对于四轮汽车来说，安装上去的充气车轮就像汽车的第五个车轮一样，故称为五轮仪。当充气车轮在路面上滚动一周时，汽车行驶了充气车轮周长的距离。在充气车轮中心处安装有传感器，可以把轮子在路面上滚动的距离转变成电信号。

五轮仪常用的传感器有光电式和磁电式等形式。

光电式传感器是在轮子的中心一侧固定有圆形的光孔板，其上沿圆周均布若干个小孔，在小孔的两侧分别装有光源和光敏管。光源和光敏管固定在支架上。当轮子转动时，光孔板随之转动。每转过一个小孔，光源的光线穿过小孔照射光敏管一次，光敏管就产生一个电脉冲信号，并通过导线送入记录仪。国产 PT5-3 型五轮仪使用的光孔板加工有 155 个小孔，轮子旋转一周，传感器发出 155 个电信号。

磁电式传感器安装在轮子的中心，由永磁环、线圈、内齿环、外齿盘和车轴等组成并形成闭合磁回路。内齿环沿圆周加工有内齿，与充气车轮安装在一起。外齿盘沿圆周加工有外齿，与车轴安装在一起，车轴安装在支架上，工作中不转动。当轮子旋转时，内齿环围绕齿盘转动，二者之间的间隙发生变化，于是闭合磁路的磁阻发生变化，通过线圈的磁通量发生变化，线圈两端则输出类似正弦波的电信号。国产 WLY-5 型微机五轮仪使用的外齿盘上加工有 196 个齿，当轮子旋转一周时，传感器发出 196 个电信号。轮子周长为 1 760mm，随轮胎充气压力的变化而变化。

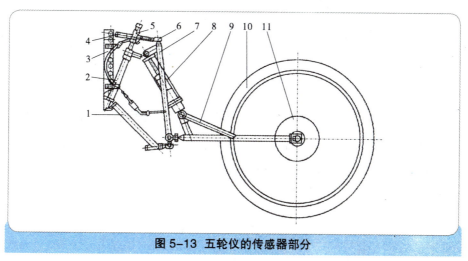

图 5-13 五轮仪的传感器部分

1—下臂；2—调节机构；3—固定板；4—上臂；5—手把；6—活节头；7—立架；8—减振器；9—支架；10—充气车轮；11—传感器

2. 记录仪部分

记录仪部分的作用是把传感器部分送来的电信号和内部产生的时间信号，进行控制、计数并计算出车速，然后指示出来。电子式记录仪，如 PT5-3 型五轮仪的记录仪，是由测距、测时、测速、音响和稳压等部分组成的，整机各元件均安装在一个金属盒子内，其面板如图 5-14 所示。从传感器部分送来的电信号，经整形电路整形成矩形脉冲后通过控制器。其中一路送入测距电路进行测距计数，再经数据选择器及译码器由荧光数码管直接显示汽车行驶距离；另一路送入车速计数电路，通过时标电路以 0.36 s 瞬时车速值通过寄存器、译码器，由另一组数码管直接显示汽车行驶速度。测时则是把从石英谐振器经分频电路取出的 1 kHz 频率，通过控制器送入测时计数器，进行以毫秒为单位的测时计数，并通过数据选择器、译码器由荧光数码管直接显示汽车行驶时间。制动系反应时间的检测是通过一个传感器——附有磁钢的摆锤完成的。当车辆制动时，从驾驶员的脚踩上制动踏板（脚踏开关的触点闭合）时开始计数，到车辆刚出现减速度，摆锤因惯性作用向前摆动时，干簧管受摆锤磁钢影响闭合后送出闭合信号，数码管立即停止时间显示，从而测出了制动系的反应时间。

当驾驶员踩制动踏板时，套在制动踏板上的脚踏开关闭合，该闭合信号通过导线输入记录仪作为测量制动距离、制动系反应时间和制动全过程时间等的开始信号。

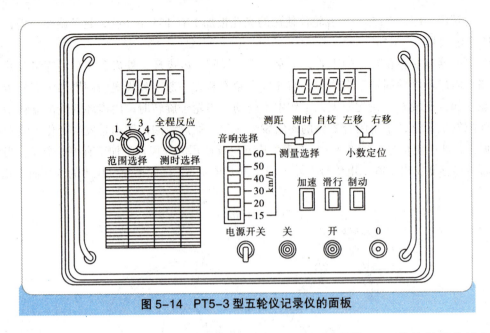

图 5-14　PT5-3 型五轮仪记录仪的面板

微机式记录仪，如 WLY-5 型微机五轮仪，是以 MCS-51 系列的 8031 单片微机为核心的智能仪器，除能完成距离、速度和时间等参数的测量和数据处理外，还能存储全部数据并能打印试验结果。WLY-5 型微机五轮仪记录仪的面板如图 5-15 所示。

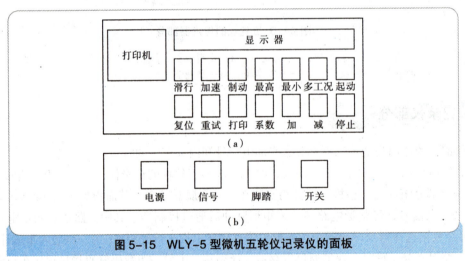

图 5-15　WLY-5 型微机五轮仪记录仪的面板

（a）上面板；（b）下面板

思考与练习

一、填空题

1. 汽车的制动性主要从 _____、_____ 和 _____ 3 个方面来评价。
2. 汽车在制动过程中有时出现 _____、_____，而使汽车失去控制偏离原来的 _____，甚至发生驶入对方车辆 _____、下沟或 _____ 等危险情况。
3. 影响汽车制动性的主要因素可以包括 4 个方面：_____、_____、_____ 和 _____。
4. 汽车制动性的检测分为 _____ 和 _____。

二、选择题

1. 用制动距离检验行车制动性能时，乘用车的制动初速度应为（　）km/h。
   A. 30　　　B. 40　　　C. 50　　　D. 60
2. 行车制动在产生最大制动作用时的踏板力，对于乘用车应不大于 500N，对于其他车辆应不大于（　）N。
   A. 400　　　B. 600　　　C. 700　　　D. 800
3. 制动检测台每年必须通过（　），合格后方可继续使用。
   A. 自校　　　B. 计量检定　　　C. 维护　　　D. 检修
4. 当滚筒直径增大时，两个滚筒间的中心距也需相应增大，才能保证（　）。
   A. 测试制动力　　　B. 测试车速
   C. 合适的安置角　　　D. 改善与车轮间的附着情况

三、问答题

1. 简述什么是汽车的制动性及评价指标。

2. 从哪些方面可以改善汽车的制动性能？

3. 平板式制动检验台的测试原理是怎样的？

课题六
汽车的操纵稳定性

学习任务

1. 了解汽车操纵稳定性的评价指标；
2. 熟悉侧滑检验台的结构和检测原理；
3. 能够用车轮平衡仪检测车轮的动平衡；
4. 能够用四轮定位仪进行汽车车轮定位参数的检测。

任务一　汽车的操纵稳定性评价指标

一、概述

汽车的操纵稳定性是指在驾驶员不感觉过分紧张、疲劳的条件下，汽车能按照驾驶员通过转向系及转向车轮给定的方向（直线或转弯）行驶，且当受到外界干扰（路不平、侧风、货物或乘客偏载）时，汽车能抵抗干扰而保持稳定行驶的性能。汽车操纵稳定性的评价方法有主观评价和客观评价两种。主观评价就是感觉评价，是让试验评价者根据试验时自己的感觉来进行评价，并按规定的项目和评分办法进行评分。客观评价则是通过测试仪器测出表征操纵性能的物理量，如横摆角速度、侧向加速度、侧倾角及转向力等来评价操纵稳定性。

汽车是由人来驾驶的，因此主观评价始终是操纵稳定性的评价方法之一。客观评价中采用的物理量是否可以表征操纵稳定性，取决于用这些物理量评价性能的结果与主观评价的是否一致。有经验的试验评价者在进行主观评价试验时，还能发现仪器所不能检验出来的现象。通常先由试验评价者的感觉发现问题，然后再用仪器测试。

主观评价的缺点之一是，它受到试验评价者个人主观因素的影响，不同试验评价者可能会给出差别较大的评价结果；其另一缺点是，一般情况下，它不能给出"汽车性能"与"汽车结构"两者之间有何种联系的信息。而客观评价中的评价指标，可以通过理论分析确定它们与汽车结构参数的函数关系，因此客观评价可以指出改变汽车的结构及结构参数以提高性能的具体途径。

确定稳态响应与瞬态响应的转向盘阶跃输入试验、确定横摆角速度频率响应特性的转向盘角脉冲输入试验以及转向盘中间位置操纵稳定性试验，就是由长期汽车工程实践与专门的主观评价试验所肯定下来的开路系统客观评价试验方法。轮胎的侧偏特性、汽车的稳态转向特性、汽车行驶的不稳定现象等都是汽车操纵稳定性客观评价的主要内容。

二、轮胎的侧偏特性

汽车轮胎是有一定径向和侧向弹性的充气轮胎，在受到侧向作用下滚动时，将因侧向变形而引起侧向偏离。轮胎的侧偏特性主要是指侧偏力、回正力矩与侧偏角的关系，它是研究汽车操纵稳定性的基础。

1. 轮胎的滚动轨迹

汽车在行驶过程中，由于路面的侧向倾斜、侧向风或曲线行驶时离心力等的作用，车轮中心将产生侧向力 F_y，相应地在地面上产生地面侧向反作用力 F_y，F_y 也称为侧偏力。当有地面侧向反作用力时，若车轮是刚性的，如图 6-1 所示，则可能出现两种情况：

1）当地面侧向反作用力 F_y 未超过车轮与地面间的附着极限时，车轮与地面间没有滑动，车轮

仍沿其本身平面 cc 的方向行驶,如图 6-1(a)所示。

2)当地面侧向反作用力 F_y 超过车轮与地面间的附着极限时,车轮发生侧向滑动,若滑动速度为 Δu,车轮便沿合成速度 u' 的方向行驶,偏离了 cc 方向,如图 6-1(b)所示。

2. 轮胎的侧偏现象

实际的轮胎具有侧向弹性,即使 F_y 没有达到附着极限,车轮行驶方向也将偏离车轮平面 cc 的方向,这就是弹性轮胎的侧偏现象。在这种情况下,有两种状态出现。

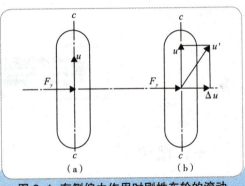

图 6-1 有侧偏力作用时刚性车轮的滚动

(a)没有侧向滑动;(b)有侧向滑动

(1)弹性车轮静止时

由于车轮有侧向弹性,轮胎发生侧向变形,轮胎胎面接地印迹的中心线 aa 与车轮平面 cc 不重合,如图 6-2 所示,错开 Δh,但 aa 仍平行于 cc。

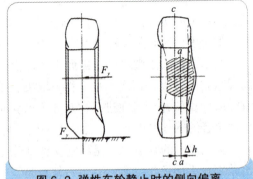

图 6-2 弹性车轮静止时的侧向偏离

(2)弹性车轮滚动时

接地印迹的中心线 aa 不只是和车轮平面错开一定距离,而且不再与车轮平面 cc 平行,aa 与 cc 的夹角即为侧偏角。此时,车轮就是沿着 aa 方向滚动,如图 6-3 所示。侧偏角 α 的值与侧向力 F_y 的大小有关,亦即与侧偏力 F_y 的大小有关。

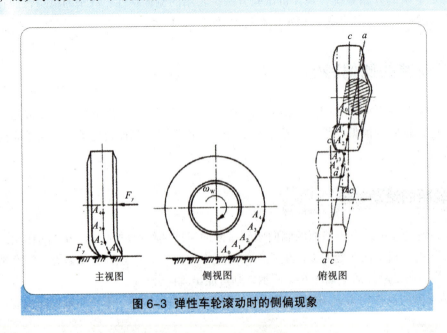

主视图　　侧视图　　俯视图

图 6-3 弹性车轮滚动时的侧偏现象

3. 轮胎的侧偏特性

由试验得出的侧偏力—侧偏角曲线称为轮胎的侧偏特性，如图6-4所示。曲线表明侧偏角 α 不超过5°时，F_y 与 α 呈线性关系。汽车正常行驶时，侧向加速度不超过 $0.4g$，侧偏角不超过4°~5°，可以认为侧偏角与侧偏力呈线性关系。F_y-α 曲线在 $\alpha=0°$ 处的斜率称为侧偏刚度 k，单位为 N/rad 或 N/(°)。F_y 与 α 的关系式为

$$F_y = k\alpha$$

式中　F_y——侧偏力，N；

　　　k——侧偏刚度，N/rad 或 N/(°)；

　　　α——侧偏角，rad 或 (°)。

轿车轮胎 k 值在 $-28\,000$ ~ $-80\,000$ N/rad 范围内。轮胎尺寸越大，k 值也越大。

侧偏力较大时，侧偏角以较大的速率增长，即曲线的斜率逐渐减小。这时，轮胎在接地面处已发生部分侧滑。最后，侧偏力达到附着极限时，整个轮胎侧滑（见图6-3）。显然，轮胎最大侧偏力取决于附着条件，即垂直载荷，如轮胎胎面花纹、材料、结构、充气压力，路面的材料、结构、潮湿程度以及车轮外倾角等。通常，最大侧偏力越大，汽车极限性能越好，汽车圆周行驶的极限侧向加速度就越高。

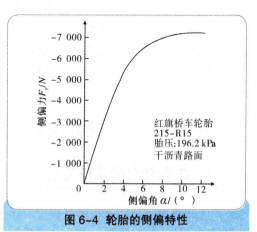

图6-4　轮胎的侧偏特性

4. 影响侧偏特性的因素

（1）轮胎结构的影响

轮胎的尺寸、结构形式和结构参数对侧偏刚度有显著影响。尺寸较大的轮胎有较高的侧偏刚度。子午线轮胎接地面宽，一般侧偏刚度较高。钢丝子午线轮胎比尼龙子午线轮胎的侧偏刚度高。

（2）垂直载荷的影响

垂直载荷增加，侧偏刚度随垂直载荷的增加而增加，但垂直载荷过大，轮胎产生很大的径向变形，侧偏刚度反而有所减小。

（3）充气压力的影响

轮胎充气压力对侧偏刚度也有显著影响。气压增加，侧偏刚度增大；但若气压过高，刚度不再变化。行驶速度对侧偏刚度的影响很小。

(4) 地面切向反作用力的影响

当有地面切向反作用力(制动力或驱动力)作用时，轮胎侧偏力的极限值会因此而下降；同样，当有侧偏力存在时，无论是制动还是驱动，所能获得的切向反作用力的极限值(即纵向附着能力)也会下降。地面切向作用力越大，侧偏力的极限值越小；侧偏力越大，所能产生的切向反作用力的极限值就越小。

(5) 路面状况的影响

粗糙的路面使最大侧偏力增大；干路面的最大侧偏力比湿路面大；当路面有薄水，车速达到一定值时，会出现"滑水"现象而完全丧失侧偏力。

此外，车轮外倾角也会对侧偏特性产生影响。当车轮外倾角为正时，有助于减小侧偏角；当车轮外倾角为负时，侧偏角会加大。

三、汽车的稳态转向特性

1. 车轮转向的几何关系

如图 6-5 所示，汽车转弯过程中，在不考虑轮胎侧向偏离的情况下，要保持每个车轮都处于纯滚动，应使各轮均绕同一中心 O 作圆周运动。内、外转向轮的转角关系应满足：

$$\cot\delta_0 - \cot\delta_1 = \frac{d}{L}$$

式中　δ_0 ——前外转向轮转角；

　　　δ_1 ——前内转向轮转角；

　　　d ——前两主销中心线延长线与地面交点之间的距离；

　　　L ——前轴距。

从转向中心 O 到汽车纵向对称轴 AB 之间的距离 R_0，称为转向半径，则

$$R_0 = \frac{L}{\tan\delta}$$

式中　δ ——前轴中点速度方向与 AB 间的夹角。

若考虑到轮胎的侧偏，汽车转向半径和瞬时转动中心位置都会发生变化，如图 6-6 所示。取前后轴中点的速度来确定瞬心位置。δ 为两转向轮平均转角，α_1、α_2 分别为前、后轴两轮的平均侧偏角。瞬心位置 O' 如图 6-6 所示，此时的转向半径为

$$R = \frac{L}{\tan(\delta-\alpha_1)+\tan\alpha_2}$$

当转角 δ 不大时，α_1、α_2 也相应较小，可得

$$R = \frac{L}{\delta(\alpha_1-\alpha_2)}$$

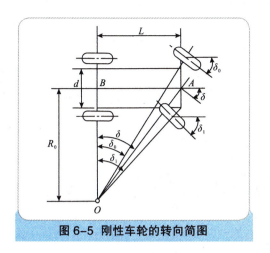
图 6-5 刚性车轮的转向简图

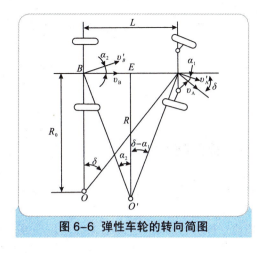
图 6-6 弹性车轮的转向简图

2. 汽车的稳态转向特性

汽车前、后轮的侧偏角不同，其转向半径的大小也不同。因此，汽车的稳态转向特性有以下 3 种类型，如图 6-7 所示。

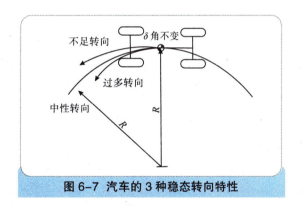
图 6-7 汽车的 3 种稳态转向特性

（1）中性转向

当 $\alpha_1 = \alpha_2$ 时，$R_0 = R$，汽车具有中性转向特性。转向半径不随车速变化，始终等于 R_0。

（2）不足转向

当 $\alpha_1 > \alpha_2$ 时，$R_0 < R$，汽车具有不足转向特性。转向半径随车速的增加而增大。

（3）过多转向

当 $\alpha_1 < \alpha_2$ 时，$R_0 > R$，汽车具有过多转向特性。转向半径随车速的增加而减小。

操纵稳定性良好的汽车应具有适度的不足转向特性。一般汽车不应具有过多转向特性，也不应具有中性转向特性。因为中性转向汽车在使用条件变动时，有可能转变为过多转向特性。

四、汽车行驶的不稳定现象

汽车在平直良好路面上行驶时,若驾驶员保持转向盘转角不变,能自行抵抗侧向风、微小路面不平等外界干扰,保持直线稳定行驶。但在上述条件下,有的汽车也会出现行驶跑偏、低速摆头、高速摆振、汽车的纵翻与侧翻等行驶不稳定的现象。

1. 行驶跑偏

汽车的行驶跑偏是指汽车在直线道路上行驶时,若驾驶员松握转向盘,行驶方向会自动朝一侧偏离。

造成这种现象的原因主要有前轮定位失准,左、右侧轴距不一致,左、右侧行驶阻力不一致,左、右侧轮胎半径不一致等。其中,前轮定位失准最复杂,它包括主销后倾角不等、前轮外倾角不等、主销内倾角不等。

2. 低速摆头

低速摆头又称转向不稳,指汽车车速在 20 km/h 以下时行驶方向忽左忽右不稳定,车头发摆,不能保证直线行驶,运行轨迹出现"蛇形"现象。

造成低速摆头现象既有结构因素,也有使用因素。其中,结构因素包括非独立悬架因陀螺效应而产生的"轴转向",以及因悬架与转向传动机构的运动关系不协调而引起的转向轮左右摆动等。使用因素包括车架变形引起前轮定位失准;转向器和传动机构间隙过大,连接松动;后轮超载或后轮胎气压不足等。

3. 高速摆振

汽车高速摆振是指汽车高速行驶,或以某一较高车速行驶时,出现行驶不稳定,车头发摆,甚至转向盘抖动。

高速摆振有两种情况:一种是随着车速的提高,摆振逐渐加剧;另一种是在某一特定的车速范围内出现摆振,偏离该车速范围,摆振消失。

引起低速摆头的各种原因常常也是引起高速摆振的重要原因,除此之外,轮胎的动不平衡、外界激振频率与汽车振动系统频率接近而发生共振也是高速摆振的主要因素。

4. 汽车的纵翻与侧翻

汽车的纵翻与侧翻是汽车运行过程中的两种极限状态。汽车的纵翻是指汽车在纵向坡道上行驶,当某一轴的法向反作用力等于零时汽车将绕另一轴翻转的现象。汽车的结构、装载情况、道路条件等是汽车纵翻的主要影响因素。

汽车的侧翻是指汽车在行驶过程中,其纵轴线转动 90°或更大角度,以致车身与地面相接触的一种极其危险的侧向运动。有很多因素可能引起汽车的侧翻,包括汽车的结构、驾驶技术和道路条件等。

汽车侧翻大体上可分为两类:一是曲线运动引起的侧翻,二是绊倒侧翻。前者是指汽车在道路

（包括侧向坡道）上行驶时，由于汽车的侧向加速度超过一定限值，使得汽车内侧车轮的垂直反力为零而引起的侧翻；后者是指汽车行驶时产生侧向滑移，与路面上的障碍物侧向撞击，而将其"绊倒"的侧翻。

五、影响汽车操纵稳定性的因素

影响汽车操纵稳定性的因素有许多，而主要因素包括行驶系、转向系及制动系等方面。

1. 行驶系的影响

（1）前轮定位参数、后悬架结构参数及横向稳定杆的影响

前轮定位参数包括前轮外倾角、主销后倾角、主销内倾角和前轮前束。

前轮外倾角指前轮中心线与地面垂直线所成的夹角。前轮外倾角一般在1°~2.5°。它的作用主要是当汽车行驶时，将轮毂压向内轴承，而减轻外端较小的轴承载荷，同时可以防止因前轴变形和主销孔与主销间隙过大引起前轮内倾，减轻轮胎着地及主销轴线与地面交点间的距离，从而使转向轻便。

主销后倾角是指主销轴线与前轮中心的垂线之间形成的夹角。主销后倾角对汽车操纵稳定性的影响主要通过"后倾拖距"使地面侧向力对轮胎产生一个回正力矩，该力矩产生一个与轮胎侧偏角相似的附加转向角，它与侧向力成正比，使汽车趋于增加不足转向，有利于改善汽车的稳态转向特性。若主销后倾角减小，回正力矩变小，当地面对转向轮的干扰力矩大于转向轮的回正力矩时，就会产生摆振。

主销内倾角是指主销轴线与地面垂线之间形成的夹角。主销内倾角对操纵稳定性的影响主要是回正力矩，它可在前轮转动时将车身抬高，由于系统位能的提高而产生的前轮回正力矩与侧向力无关。因此可以说，主销内倾角主要在低速时起回正作用，"后倾拖距"主要在高速时起回正作用。

前轮前束指汽车转向的前端向内收使两前轮的前端距离小于后端距离。两车轮前后的距离之差，称为前束值，一般不大于12mm。其作用是消除由于前轮外倾使车轮滚动时向外分开，引起车轮滚动时边滚边拖的现象，引导前轮沿直线行驶。

前悬架导向机构的几何参数决定前轮定位参数的变化趋势和变化率。在车轮跳动时，外倾角的变化包括由车身侧倾产生的车轮外倾变化和车轮相对车身的跳动而引起的外倾变化两部分。在双横臂独立悬架中，前一种变化使车轮向车身侧倾的方向倾斜，即外倾角增大，结果使轮胎侧偏刚度变小，因而使整车不足转向效果加大；后一种变化取决于悬架上、下臂运动的几何关系，在双横臂结构中，往往是外倾角随弹簧压缩行程的增大而减小，这种变化与车身侧倾引起的外倾角变化相反，会产生过度转向趋势。

后悬架结构参数对汽车操纵稳定性的影响，近似于前悬架的"干涉转向"。它是在汽车转向时，由于车身侧倾导致独立悬架的左、右车轮相对车身的距离发生变化，外侧车轮上跳，与车身的距离缩短，内侧车轮下拉，与车身的距离加大。悬架的结构参数不同，车轮上下跳动时，车轮前束角的变化规律也必然会不同。

主销内倾角与后倾角由结构决定，在调整时难以改变。调整时主要调整前轮外倾及前轮前束。

前轮外倾随负荷的变化而变化。当车辆转向时，在离心力作用下，车身向外倾斜，外轮悬架处于压缩状态，车轮外倾角逐渐减小向负外倾变化；内轮悬架处于伸张状态，使得本来对道路向负外倾变化的外倾角减弱，从而提高车轮承受侧向力的能力，使汽车转向时的稳定性大为提高。前轮前束不可过大，若前束过大，车轮外倾角、主销后倾角变小，会使前轮出现摆头现象，行驶中有"蛇行"，转向操作不稳。

横向稳定杆常用来提高悬架的侧倾角刚度，或是调整前、后悬架侧倾角刚度的比值。在汽车转弯时，它可以防止车身产生很大的横向侧倾和横向角振动，以保证汽车具有良好的行驶稳定性。提高横向稳定杆的刚度后，前悬架的侧倾角刚度增加，转向时左右轮负荷变化加大，前轴的每个车轮的平均侧偏刚度减小，汽车不足转向量有所增加。前悬架中采用较硬的横向稳定杆有助于提高汽车的不足转向性并能改善汽车的"蛇行"行驶性能。

（2）轮胎的影响

轮胎是影响汽车操纵稳定性的一个重要因素，增大轮胎的载荷能力，特别是后轮胎的载荷能力，例如，加大轮胎尺寸或提高层级，或者后轮由单胎改为双胎，都会改善汽车的稳态转向特性。改变后轮胎的外倾角，也可以改善汽车的操纵稳定性，这是因为后轮胎的负外倾角可以增加后轮胎的侧偏刚度，从而减小过多转向度。

（3）前轴或车架变形导致汽车操纵失稳

由于车架是汽车的基础，它的变形会直接影响各部件的连接及配合，从而直接影响操纵稳定性。如果汽车前轴变形，就会改变主销孔的轴线位置，使主销内倾角变大，则外倾角变小；反之，内倾角变小，外倾角变大，从而行驶时会产生转向沉重、磨胎及无法自动回正等。

（4）悬架和减振器的影响

悬架的作用是把车架与汽车前、后桥连接在一起，并使车轮在行驶中所承受的冲击力不直接影响到车架，以免引起车身的剧烈振动而加速机件的损坏。减振器的作用是当钢板弹簧变形时，能迅速削弱其振动，使汽车平稳行驶。如果悬架出现故障，如钢板弹簧刚度不一、减振器失效，则会出现前轮摆头或行驶跑偏，严重影响操纵稳定性。

2. 转向系的影响

（1）转向器的影响

汽车行驶时，驾驶员对汽车行驶方向的改变是通过操纵转向盘来实现的，转向盘的性能直接影响汽车的操纵性。转向器常见的故障有游隙过大和转向沉重。转向器游隙过大会造成前轮摆头现象。转向器游隙过大的原因是：转向器蜗杆轴上下轴承间隙过大，摆臂轴上的双销与蜗杆啮合间隙过大，转向垂臂轴紧固螺栓松动。转向沉重会使操纵系统不易控制。造成转向沉重的原因是：转向器缺油，转向轴因弯曲或轴管瘪而互相碰擦，转向摇臂轴与衬套配合间隙过小，蜗杆与滚轮传动副啮合间隙过小，转向器蜗杆上下轴承调整过紧或轴承损坏。

（2）转向传动机构的影响

转向传动机构将转向器传来的力经该机构传向车轮，并使左右转向轮同时朝一个方向偏转一个角度，以保证实现汽车转向。转向传动机构由转向垂臂、转向纵拉杆、转向节臂、梯形臂、转向横拉杆及球头销等组成。传动机构出现故障会使汽车失去控制，造成交通事故。常见的故障有转向拉杆球头销装配不适（过紧或松旷）、转向节主销与衬套配合不符合标准、转向节止推轴承间隙不符合标准，间隙过大会导致汽车中速摆头，而配合过紧或缺油会使汽车转向沉重。

3. 制动系的影响

（1）汽车操纵性的影响

制动鼓失圆，产生的离心力随车轮转速的提高而急剧增大，从而使汽车高速摆振；而制动盘端面圆跳动过大时，随着汽车的行驶，制动块周期性地碰撞制动盘，使制动盘振动，且其振动频率随车速的增加而提高。当制动盘的振动频率与悬架转向系的固有频率相符时，转向盘发生严重抖动。

（2）制动间隙的影响

制动间隙不合适，会使汽车制动时发生跑偏，汽车向制动间隙小的一侧跑偏，从而影响操纵稳定性。

（3）前后轮抱死的次序对稳定性的影响

紧急制动时，如果汽车后轮制动抱死，汽车后轴将产生严重侧滑，失去操纵稳定性，前轮抱死，汽车又失去转向能力。因此，汽车应安装制动防抱死装置 ABS，若无 ABS，尽量采用点刹制动，效果更好。

任务二　车轮侧滑的检测

一、转向轮定位值引起的侧滑

侧滑是指车辆（车轮）在汽车横向产生的滑移。引起车辆横向滑移的原因有很多，经分析，汽车转向轮的外倾角与前束值对其侧滑的影响比较大。

1. 车轮外倾角引起的侧滑

为了保证重载后轮胎胎面能与具有横向拱形的路面平面接触，以减小轮胎磨损，汽车设计有车轮外倾角，如图6-8所示。

由于车轮外倾角的存在，在滚动过程中车轮将力图向外张开，只是由于车桥不可能伸长，因此，在实际滚动过程中才不至于真正向外滚开。但由此而形成的这种外张力势必成为加剧轮胎磨损的隐患。

假设让两个只有外倾角而没有前束的车轮同时向前驶过两块相对于地面可以左右滑动的滑动板，就可以看到左右车轮下的滑动板在车轮外张力的作用下出现如图6-9中虚线所示的分别向内侧滑移的现象。其单边车轮的内侧滑量 S_c 为

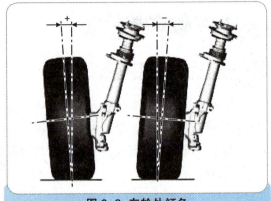

图6-8　车轮外倾角

$$S_c = \frac{L'-L}{2}$$

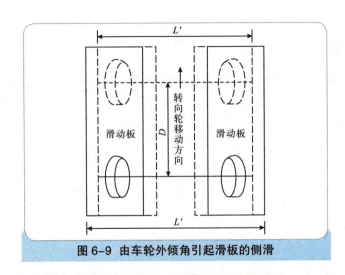

图6-9　由车轮外倾角引起滑板的侧滑

2. 车轮前束引起的侧滑

为了弥补车轮外倾角产生的不良作用，设有车轮外倾角的车轮均设有车轮前束，如图6-10所示，总前束值 $c+d=a-b$(mm)。

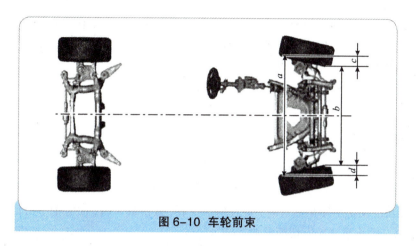

图6-10 车轮前束

车轮有了前束后，在滚动过程中力图向内收拢，只是由于车桥不可能缩短，因此，在实际滚动过程中才不至于真正向内收拢。但由此而形成的这种内向力势必成为加剧轮胎磨损的隐患。

假设让两个只有前束而没有外倾角的车轮向前驶过如图6-11所示的滑动板，可以看到左右车轮下的滑动板在车轮作用力的推动下，出现图中虚线所示的分别向外侧滑移的现象。其单边转向轮的外侧滑量 S_t 为

$$S_t = \frac{L'-L}{2}$$

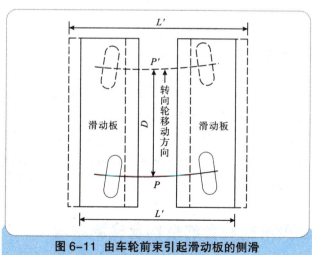

图6-11 由车轮前束引起滑动板的侧滑

如果此前束与车轮外倾角配合恰当，则车轮将不会产生向内收拢和向外张开的趋势，因而可保证轮胎只做纯滚动而不产生横向滑移。

侧滑检测台就是应用上述滑板原理来检测转向轮的侧滑量的。

二、侧滑检验台的操作步骤

1. 检测前准备

1）仪表调零及校准键。
2）检查侧滑检验台及周围场地有无机油、石子、泥污等杂物，并清除干净。
3）检查各种导线有无因损伤而造成接触不良的部位，必要时应进行修理或更换。
4）检查车辆轮胎气压是否符合规定。
5）检查并清除轮胎上的油污、水渍和嵌入的石子、杂物等。

2. 检测

1）打开滑动板的锁止手柄，接通电源。
2）待检车辆以 3～5 km/h 的低速垂直地通过滑动板。
3）被测车轮从滑动板上完全通过时，查看指示仪表，读出最大值，注意记下滑动板的运动方向。
4）检测结束，锁止滑动板，切断电源。

3. 注意事项

1）车辆通过侧滑检验台时，不得转动转向盘。
2）不允许在侧滑检验台上制动或停车。
3）不允许轴荷超过检验台允许载荷的汽车驶到检验台上，以防压坏机件或压弯滑动板。
4）不允许在检验台上进行车辆修理、保养工作。
5）清洁时，不要将水或泥土带入检验台。应保持侧滑检验台滑动板下部的清洁，防止锈蚀或阻滞。

三、侧滑检测标准

侧滑量是指汽车在没有外加转向力的条件下，低速直线行驶通过检验台时，滑板向内或向外的横向位移量与滑板的纵向长度的比值。侧滑量单位用 m/km 表示。《机动车运行安全技术条件》规定，汽车的车轮定位应符合该车有关技术条件。车轮定位值应在产品使用说明书中标明。对于前轴采用非独立悬架的汽车，其转向轮的横向滑移量用侧滑台检测时应在 ±5 m/km 之间。规定侧滑量方向为外正内负。

四、双板联动侧滑检验台的结构及检测原理

1. 双板联动侧滑检验台的结构

双板联动侧滑检验台主要由机械和电气两部分组成。机械部分主要由两块滑板、联动机构、回零机构、滚轮及导向机构、限位装置及锁零机构组成，电气部分包括位移传感器和电气仪表。

(1) 机械部分

如图 6-12 所示，在侧滑检验台上，左右两块滑板分别支撑在各自的 4 个滚轮上，每块滑板与其连接的导向轴承在轨道内滚动，保证了滑板只能沿左右方向滑动而限制了其纵向运动。两块滑板通过中间的联动机构连接起来，从而保证两块滑板可同时向内或向外运动。相应的位移量通过位移传感器转变成电信号传入仪表。回零机构可保证汽车前轮通过后滑板能够自动回零。限位装置可限制滑板过分移动而超出传感器的允许范围，起保护传感器的作用。锁零机构能在设备空闲或设备运输时保护传感器。润滑机构能够保证滑板轻便自如地移动。

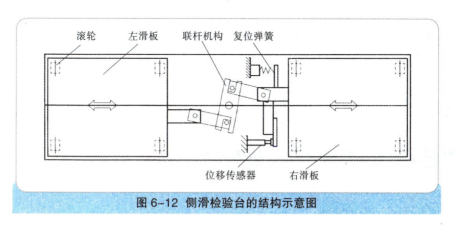

图 6-12 侧滑检验台的结构示意图

(2) 电气部分

电气部分按传感器种类的不同而有所区别。目前常用的位移传感器有电位计式和差动变压器式两种。早期也有采用自整角电动机的测滑台，现已很少使用。

① 电位计式测量装置

它的工作原理非常简单，将一个可调电阻安装在侧滑检验台的底座上，其活动触点通过传动机构与滑板相连，电位计两端输入一个固定电压（如5V），中间触点随着滑板的内外移动发生变化，输出电压也随之在 0～5V 之间变化，并把 2.5V 左右的位置作为侧滑台的零点。如果滑板向外移动，输出电压大于 2.5V，达到外侧极限位置时输出电压为 5V；如果滑板向内移动，输出电压小于 2.5V，达到内侧极限位置时输出电压为 0V。这样仪表就可以通过 A/D 转换将侧滑传感器的电压转换成数字量，并输入单片机进行处理，最终测得侧滑量的大小。

② 差动变压器式测量装置

它的工作原理与电位计式类似，只是电位计式输出的是正电压信号，而差动变压器式输出的是正、负两种信号。使用时，把电压为 0V 时的位置作为零点。滑板向外移动输出一个大于 0V 的正电压，向内移动输出一个小于 0V 的负电压。同样，仪表就可以通过 A/D 转换将侧滑传感器电压转换成数字量，并输入单片机进行处理，最终测得侧滑量的大小。

指示仪表可分为数字式和指针式两种。目前，检测站普遍使用的是数字式仪表，早期的自整角电动机式测量装置一般采用指针式仪表。数字式仪表多为智能仪表，实际就是一个单片机系统。

(3) 释放板的作用

《机动车安全检验项目和方法》（GB 21861—2014）要求侧滑台应具备车轮应力释放功能。车轮在驶入侧滑台前，由于车轮侧滑量的作用，车轮与地面间接触产生的横向应力迫使车轮产生变形，在驶上侧滑板的瞬间将迅速释放并引起因滑板移动量大于实际侧滑量而导致的位移；在驶出滑板的瞬间已接触地面的轮胎将积聚应力阻碍滑板移动，从而使滑板位移量小于实际值。为克服这一问题，近年来陆续出现了前后带应力释放板的侧滑台，以保证车轮通过中间滑板（带侧滑量检测传感器）时能得以准确测量。由于进车时的应力释放对侧滑测量造成的影响比出车时大得多，考虑到成本因素，目前在进车方向设置释放板的侧滑台较为多见。

2. 双板联动侧滑检验台的检测原理

侧滑一般是指车轮在前进过程中的横向滑移现象，它既可能是由车轮定位不合适引起的，也可能是由紧急制动时车轮"抱死"造成的。下文中，我们将详细介绍使用双板联动侧滑检验台检测侧滑量的方法。

(1) 侧滑板仅受到车轮外倾角的作用

这里以右前轮为例，先讨论只存在车轮外倾角（前束角为零）的情况。具有外倾角的车轮，其中心线的延长线必定与地面在一定距离处有一个交点 O，此时的车轮相当于一个圆体的一部分，如图 6-13 所示，当车轮向前或向后运动时，其运动形式均类似于滚锥。

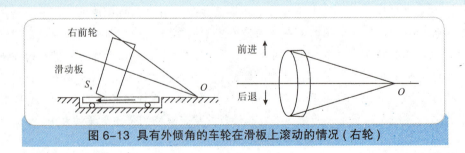

图 6-13 具有外倾角的车轮在滑板上滚动的情况（右轮）

从图 6-13 中可以看出，具有外倾角的车轮在滑动板上滚动时，车轮有向外侧滚动的趋势，但由于受到车桥的约束，车轮不可能向外移动，因而通过车轮与滑动板间的附着作用带动滑动板向内运动，运动方向如图 6-13 所示。此时，滑动板向内移动的位移量记为 S_a（由外倾角所引起的侧滑分量）。按照约定，具有外倾角的车轮，由于它类似于滚锥的运动情况，因而无论前进还是后退，它所引起的侧滑分量均为负；反之，内倾车轮引起的侧滑分量均为正。

（2）滑动板仅受到车轮前束的作用

这里仅讨论车轮只存在前束角而外倾角为零时的情况。前束是为了消除具有外倾角的车轮所做的类似于滚锥运动所带来的不良后果而设计的。

当具有前束的车轮在前进时，车轮有向内滚动的趋势，但由于受到车桥的约束作用，在实际前进驶过侧滑台时，车轮不可能向内侧滚动，因而会通过车轮与滑动板间的附着作用带动滑动板向外侧运动。此时，车轮在滑动板上做纯滚动，滑动板相对于地面有侧向移动，其运动方向如图6-14所示。此时测得的滑动板的横向位移量记为S_t（由前束所引起的侧滑分量）。遵照约定，前进时，由车轮前束引起的侧滑分量S_t大于或等于零。反之，仅具有前张角的车轮在前进时，由车轮前张（负前束）引起的侧滑分量S_t小于或等于零。

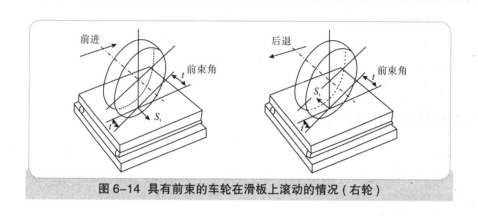

图6-14 具有前束的车轮在滑板上滚动的情况（右轮）

当具有前束的车轮后退时，若在无任何约束的情况下，车轮必定向外侧滚动，但由于受到车桥的约束作用，虽然它存在着向外滚动的趋势，但不可能向外侧滚动，因而会通过它与滑动板间的附着作用带动滑动板向内侧移动，它的运动方向如图6-14所示。此时测得的滑动板向内的位移记为S_t。遵照约定，仅具有前束角的车轮在后退时，通过侧滑台所引起的侧滑分量S_t小于或等于零；反之，仅具有前张角的车轮在后退时，通过侧滑台所引起的侧滑分量S_t大于或等于零。

综上可知，仅具有前束的车轮，在前进时驶过侧滑台时所引起的侧滑分量为正值，在后退时驶过侧滑台所引起的侧滑分量为负值；反之，仅具有前张的车轮，在前进时驶过侧滑台时所引起的侧滑分量为负值，在后退时驶过侧滑台所引起的侧滑分量为正值。

（3）滑动板受到车轮外倾角和前束角的同时作用

汽车转向轮同时具有外倾角和前束角时，在前进时由外倾所引起的侧滑分量S_a与由前束所引起的侧滑分量S_t的方向相反，因而两者相互抵消；在后退时两者方向相同，两分量相互叠加。在外倾角及前束值不大的情况下，可以认为S_a和S_t在前进和后退的过程中，侧滑分量数值不变。设车轮在前进时通过侧滑台所产生的侧滑量为A，在后退时的侧滑量为B，则可得到下述结论（在遵循上述侧滑量的约定的条件下）：当车轮存在外倾角和前束角时，B不小于零，且B不小于A的绝对值。

另外，若假设前进时的侧滑量是 S_a 和 S_t 的简单叠加（或抵消）关系，则还可以得出下列结论。
- 若前进时的侧滑量 A 大于一定的正数，后退时的侧滑量 B 大于另一正数，则侧滑量主要是由外倾引起的。
- 若前进时的侧滑量 A 小于一定的负数，后退时的侧滑量 B 大于另一正数，则侧滑量主要是由前束引起的。
- 外倾角引起的侧滑量：$S_a = (A+B)/2$。
- 前束引起的侧滑量：$S_t = (A-B)/2$。

遵循上述分析和讨论，我们可以得到其余3种组合情况下侧滑台板的运动规律，并可通过车轮外倾、车轮内倾、车轮前束和前张4个因素判断引起车轮侧滑故障的主要原因，从而可有效地指导维修人员调整车轮前束及车轮外倾角。

五、单板侧滑检验台的结构及检测原理

1. 单板侧滑检验台的结构

单板侧滑检验台主要由底板、滑动板、引板（根据情况选配）导向轴承、回位弹簧及调整螺丝等组成，如图6-15所示。在机架底板中间位置固定一个位移传感器，通过上滑板的顶块进行位移量传递，并将位移量转变成电信号，输入计算机信号采集系统进行处理。

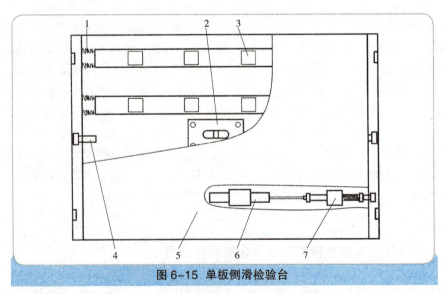

图6-15 单板侧滑检验台

1—滚珠架回位弹簧；2—滑动板回位机构；3—滚珠；4—防侧翻定位销；5—滑动板；6—位移量传感器；7—传感器调整装置

电气部分的工作原理按传感器种类的不同而有所区别。目前，常用的位移传感器有电位计式和差动变压器式两种。

(1) 电位计式测量装置

它的工作原理非常简单,将一个可调电阻安装在侧滑检验台底座上,其活动触点通过传动机构与滑板相连,在电位计两端输入一个固定电压(如 5V),中间触点随着滑板的内外移动也会发生变化,输出电压也随之在 0～5V 之间变化。通常把 2.5V 左右的位置作为侧滑台的零点,如果滑板向外移动,输出电压大于 2.5V,达到外侧极限位置时的输出电压为 5V;如滑板向内移动,输出电压小于 2.5V,达到内侧极限时的输出电压为 0V。这样仪表就可以通过 A/D 转换将侧滑传感器的电压转换成数字量,并输入单片机进行处理,最终得出侧滑量的大小。

(2) 差动变压器式测量装置

它的工作原理与电位计式类似,只是电位计式输出一个正电压信号,而差动变压器式输出正、负两种信号。通常把电压为 0V 时的位置作为零点。滑板向外移动时输出一个大于 0V 的正电压,向内移动时输出一个小于 0V 的负电压。同样,仪表可以通过 A/D 转换将侧滑传感器电压转换成数字量,并输入单片机进行处理,最终得出侧滑量的大小。

2. 单板联动侧滑检验台的检测原理

单滑板侧滑检验台仅用一块滑板,其测量原理如图 6-16 所示。汽车左前轮从单滑动板上通过,右前轮从地面上行驶。当右前轮正直行驶无侧滑即侧滑角 β 为零,而左前轮具有侧滑角 α 向内侧滑时,如图 6-16(a) 所示,通过车轮与滑动板间的附着作用带动滑动板向左移动距离 b。若右前轮也具有侧滑角 β,同样右前轮相对左前轮也会向内侧滑,此时,滑动板向左移动距离 c,由于左前轮同时向内侧滑的量为 b,则滑动板的移动距离为两前轮向内侧滑量之和,即 $b+c$,如图 6-16(b) 所示。$b+c$ 距离可反映汽车左右车轮总的侧滑量及侧滑方向。也就是说,采用单板式侧滑台测量汽车的侧滑量时,虽然是一侧车轮从滑动板上通过,但测量的结果并非单轮的侧滑量,而是左右轮侧滑量的综合反映。这个侧滑量与汽车驶过台板时的偏斜度无关。根据这一侧滑量可以计算出每一边车轮的侧滑量,即单轮的侧滑量为 $(b+c)/2$。

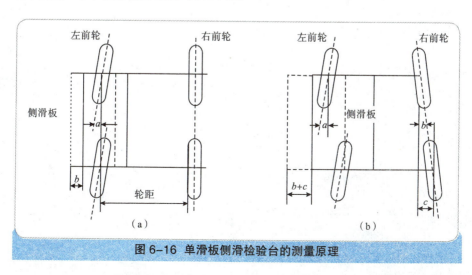

图 6-16 单滑板侧滑检验台的测量原理

3. 不合格原因分析

《机动车运行安全技术条件》规定，对于前轴采用非独立悬架的汽车，用侧滑台检验时，其转向轮的横向侧滑量值应在 −5 ~ +5m/km 之间。《机动车安全技术检验项目和方法》规定，对于独立悬架的汽车，只对其转向轮的横向侧滑量进行检测，不做评判。

相关标准中已对滑板的移动方向和数值正负的对应关系做了规定（外正内负）。为便于检验人员对由于车辆前束、前轮外倾引起的滑板移动方向有明确的认识，下面将以图示进行说明。

汽车前进时，侧滑板向外移动，主要原因有两个：一是前束值过大，如图 6-17 所示；二是前轮外倾角与该车外倾角的基准值相比偏小，如图 6-18 所示。

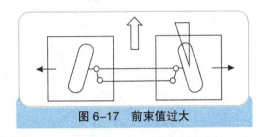

图 6-17　前束值过大

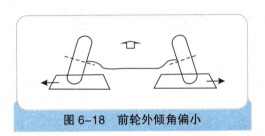

图 6-18　前轮外倾角偏小

汽车前进时，侧滑板向内移动，主要原因有两个：一是两前轮前束值偏小或为负值，如图 6-19 所示；二是前轮外倾角过大，如图 6-20 所示。

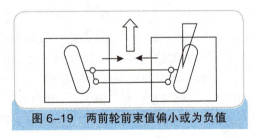

图 6-19　两前轮前束值偏小或为负值

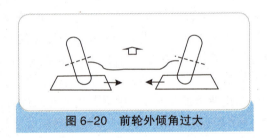

图 6-20　前轮外倾角过大

汽车前进和后退时，侧滑板移动方向相同，或侧滑板移动方向虽相反，但绝对值之差较大，这是由前轮外倾角异常或转向系杆件球头磨损后引起松旷所致。

任务三 车轮平衡的检测

一、汽车车轮基础知识

随着道路条件的改善和汽车技术水平的提高,汽车行驶速度越来越快,车轮不平衡对汽车性能会产生巨大的影响。由于车轮不平衡质量产生的不平衡力的大小和方向在不断变化,一方面会使整车有上下跳动的趋势,引起垂直方向的振动,影响汽车行驶平顺性;另一方面会引起转向轮横向摆动,影响汽车操纵稳定性和行驶安全。车轮不平衡还会加剧轮胎、转向机构、行驶系及传动系统零部件的冲击和磨损,缩短其使用寿命。因此,在汽车正常使用一定时间后,尤其是在对轮胎、轮辋进行了修补、修复或更换新轮胎后,一定要对车轮进行动平衡检测,测定不平衡质量的大小和相位,并进行校正。

1. 车轮的基本结构

车轮是介于轮胎和车桥之间承受负荷的旋转组件,其功用是安装轮胎,承受轮胎与车桥之间的各种载荷。

汽车的车轮是由轮胎、轮毂组成的一个整体。但由于制造上的原因,使这个整体各部分的质量分布不可能绝对均匀。当汽车车轮高速旋转后,就会形成动不平衡状态,导致车辆在行驶中出现车轮抖动、转向盘振动的现象。为了避免这种现象或消除已经出现的这种现象,就要使车轮在动态情况下通过增加平衡重的方法,校正各边缘部分的平衡。这个校正的过程就是人们常说的动平衡。如图6-21所示,轮毂通过圆锥滚子轴承装在车桥或转向节轴径上,用于连接车轮与车桥;轮辋用于安装和固定轮胎;轮辐用于将轮毂和轮辋连接起来,并通过螺栓与轮毂连接起来。

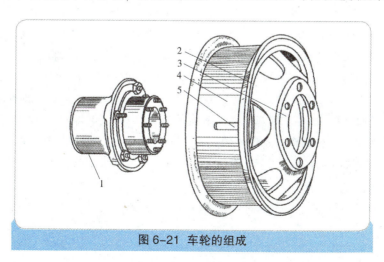

图6-21 车轮的组成

1—轮毂;2—挡圈;3—轮辐(辐板式);4—轮辋;5—气门嘴出口

(1) 轮辐

按轮辐结构的不同，车轮可以分为两种形式：辐板式车轮和辐条式车轮。

① 辐板式车轮

目前，普通轿车和轻、中型货车普遍采用辐板式车轮，这种车轮由挡圈、轮辋、辐板和气门嘴伸出口组成。车轮中用以连接轮毂和轮辋的钢质圆盘称为辐板，大多是冲压制成的，少数和轮毂铸成一体，后者主要用于重型汽车。

货车辐板式车轮如图6-22所示。辐板与轮辋通过焊接或铆接的方式固定成为一个整体，辐板通过螺栓安装在轮毂上，辐板上的孔可以减轻质量，有利于制动鼓的散热，方便于接近气门嘴，同时可作为安装时的把手。6个孔加工成锥形，以便在用螺栓把辐板固定在轮毂上时对正中心。

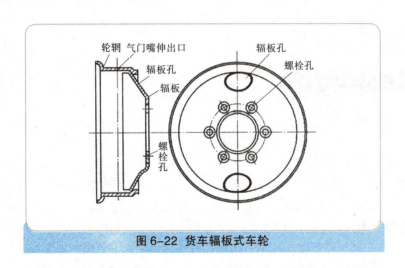

图6-22 货车辐板式车轮

货车后桥负荷比前桥大得多，为使后轮轮胎不致过载，后桥一般装用双式车轮，即在同一轮毂上安装两套辐板和轮辋，如图6-23所示。为了防止在汽车行驶中固定辐板的螺母自行松脱，汽车两侧车轮上的辐板固定螺栓一般采用旋向不同的螺纹，左侧用左旋螺纹，右侧用右旋螺纹。目前，在一些载货汽车（如黄河JN1150D型汽车）上，采用了球面弹簧垫圈，可以防止螺母自行松脱，故汽车左右车轮上固定辐板的螺栓均可采用右旋螺纹，从而减少了零件。

轿车辐板所用的板料较薄，常冲压成起伏多变的形状，以提高其刚度，如图6-24所示。目前，广泛采用的轿车车轮为铝合金车轮（图6-25），且多为整体式，即将轮辋和轮辐铸成一体。它具有质量轻、尺寸精度高、生产工艺好、美观大方的优点，可以明显改善车轮的空气动力学特性，降低汽车油耗。

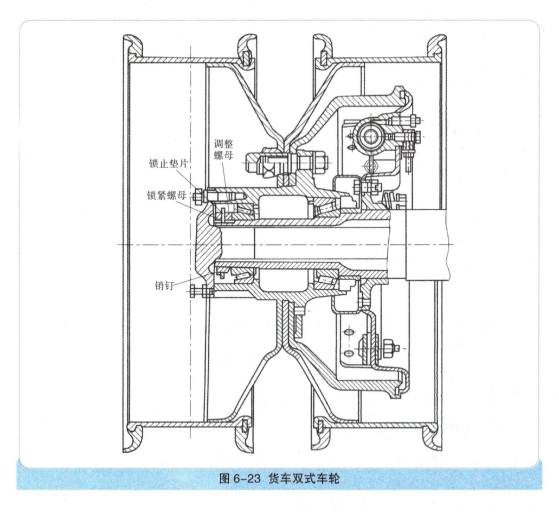

图 6-23 货车双式车轮

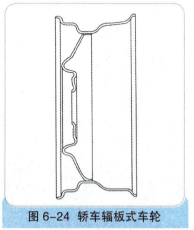

图 6-24 轿车辐板式车轮

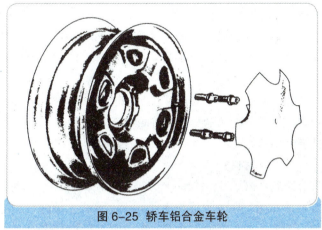

图 6-25 轿车铝合金车轮

② 辐条式车轮

按辐条结构的不同,辐条式车轮又分为钢丝辐条式车轮和铸造辐条式车轮,如图6-26所示。钢丝辐条式车轮的结构与自行车车轮完全一样,由于其价格昂贵、维修安装不便,故仅用于赛车和某些高级轿车上。另外,辐条式车轮还不能与无内胎轮胎组合使用。铸造辐条式车轮常用于重型货车上,辐条与轮毂铸成一体,轮辋是用螺栓和特殊形状的衬块固定在辐条上的,为了使轮辋和辐条很好地对中,在轮辋和辐条上都加工出配合锥面。

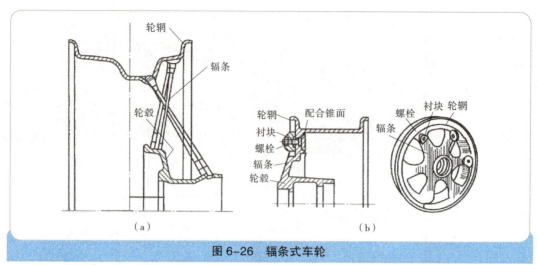

图 6-26 辐条式车轮

(a)钢丝辐条式车轮; (b)铸造辐条式车轮

(2)轮辋

①轮辋的类型和结构

轮辋用于安装和固定轮胎。轮辋的常见结构形式有深槽轮辋、平底轮辋和对开式轮辋,此外,还有半深槽轮辋、深槽宽轮辋、平底宽轮辋、全斜底轮辋等。

深槽轮辋如图6-27(a)所示,这种轮辋主要用于轿车及轻型越野车,适宜安装尺寸小、弹性较大的轮胎,因为尺寸较大、较硬的轮胎很难装进这样的整体轮辋内。深槽轮辋有带肩的凸缘,用于安放外胎的胎圈,其肩部通常略向中间倾斜,倾斜部分的最大直径称为轮胎胎圈与轮辋的着合直径。为便于外胎的拆装,将断面的中部制成深凹槽。深槽轮辋的结构简单,刚度大,质量较轻。

平底轮辋如图6-27(b)所示,多用于货车。它的挡圈是一个整体,且用一个开口锁圈来防止挡圈脱出。在安装轮胎时,先将轮胎套在轮辋上,而后套上挡圈,并将它向内推,直至越过轮辋上的环形槽,再将开口的弹性锁圈嵌入环形槽中。东风EQ1090E和解放CA1091型汽车均采用这种形式的轮辋。

对开式轮辋如图6-27(c)所示。这种轮辋由内、外两部分组成,其内外轮辋的宽度可以相等,也可以不相等,两者用螺栓连成一体。拆装轮胎时拆卸螺栓上的螺母即可。图6-27(c)中所示挡圈是可拆的。有的无挡圈,而由与内轮辋制成一体的轮缘代替挡圈,内轮辋与辐板焊接在一起。这种轮辋主要用于载重量较大的重型货车和大型客车。

近几年来,为了适应提高轮胎负荷能力的需要,国内外的相关制造企业均朝宽轮辋的方向发展,如美国的货车已全部采用宽轮辋,欧洲各国在积极普及宽轮辋,我国也处于由窄轮辋向宽轮辋的过渡阶段。实验表明,采用宽轮辋可以提高轮胎的使用寿命,并可改善汽车的通过性和行驶稳定性。

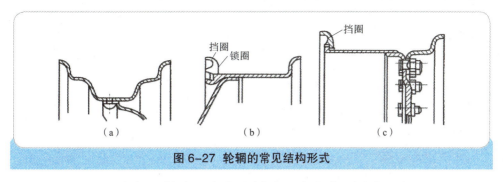

图 6-27 轮辋的常见结构形式

(a)深槽轮辋；(b)平底轮辋；(c)对开式轮辋

② 国产轮辋规格的表示方法

国产轮辋规格用一组数字、字母和符号组合表示，分为几部分，各部分的含义及具体内容如下所述。

● 轮辋宽度代号：以数字表示，一般取小数点后两位，单位为英寸(当以mm表示时，要求轮胎与轮辋的单位一致)。

● 轮辋高度代号：用一个或几个字母表示，如C、D、E、F、J、K、L、V等。轮辋常用高度代号及相应高度(mm)见表6-1。

表 6-1 轮辋常用高度代号及高度

代号	C	D	E	F	G	H	J	K
高度	15.88mm	17.45mm	19.81mm	22.23mm	27.94mm	33.73mm	17.27mm	19.26mm
代号	L	P	R	S	T	V	W	
高度	21.59mm	25.40mm	28.58mm	33.33mm	38.10mm	44.45mm	50.80mm	

● 轮辋结构形式代号：用符号"×"表示一件式轮辋，用"-"表示多件式轮辋。一件式轮辋是指轮辋为整体式的，只有一件；多件式轮辋由轮辋体、挡圈、锁圈等多个部件组成。

● 轮辋直径代号。以数字表示，单位为英寸(当以mm表示时，要求轮胎与轮辋的单位一致)。

● 轮辋轮廓类型代号：用几个字母表示，轮辋轮廓类型及代号如图6-28所示。

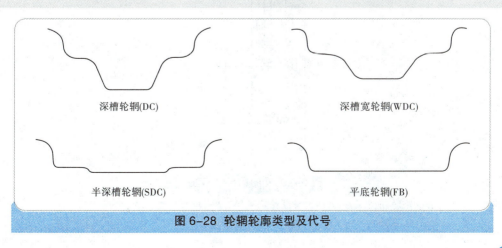

图 6-28 轮辋轮廓类型及代号

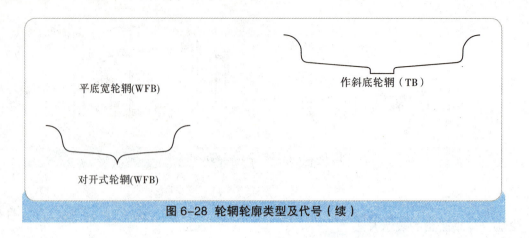

图 6-28 轮辋轮廓类型及代号（续）

对于不同形式的轮辋，以上代号不一定同时出现。例如，解放 CA1092 型汽车轮辋的规格为 6.5-20，表明该轮辋宽度为 6.5in（英寸 1in ≈ 2.45 cm），轮辋直径为 20in，属于多件式轮辋；上海桑塔纳轿车轮辋的规格为 5.5J×13，表明其轮辋宽度为 5.5in，轮辋高度为 17.27mm，轮辋直径为 13in，属于一件式轮辋；上海桑塔纳轿车轮辋的规格为 6J×14，表明轮辋宽度为 6in，轮辋高度为 17.27mm，轮辋直径为 14in，属于一件式轮辋。

2. 轮胎规格的表示方法

轮胎的尺寸标注如图 6-29 所示。

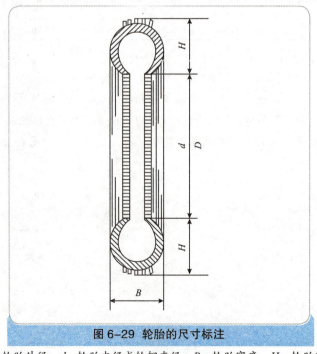

图 6-29 轮胎的尺寸标注

D—轮胎外径；d—轮胎内径或轮辋直径；B—轮胎宽度；H—轮胎高度

（1）斜交轮胎的规格

我国和大多数国家一样，斜交轮胎的规格用 $B-d$ 表示，载货汽车斜交轮胎和轿车斜交轮胎均以英寸 (in) 为单位。例如，9.00-20 表示宽度为 9.00 in、内径为 20 in 的斜交轮胎。

（2）子午线轮胎的规格

下面以上海桑塔纳 2000GSi 轿车轮胎的规格"195/60 R 14 85 H"为例进行说明。
- 195 表示轮胎宽度为 195mm，货车子午线轮胎的宽度一般以英寸 (in) 为单位。
- 60 表示扁平比为 60%，扁平比为轮胎高度 H 与宽度 B 之比，有 60、65、70、75、80 共 5 个级别。
- R 表示子午线轮胎，即"Radial"的第一个字母。
- 14 表示轮胎内径为 14 in。
- 85 表示荷重等级，即最大载荷质量。荷重等级为 85 的轮胎的最大载荷质量为 515kg。常见的荷重等级及对应的最大载荷质量见表 6-2。

表 6-2 荷重等级及对应的最大载荷质量

荷重等级	最大载荷质量/kg	荷重等级	最大载荷质量/kg
71	345	99	775
72	355	100	800
73	365	101	825
74	375	102	250
75	387	103	875
76	400	104	900
77	412	105	925
78	425	106	950
79	437	107	975
80	450	108	1 000
81	462	109	1 030
82	475	110	1 060
83	487	111	1 095
84	500	112	1 129
85	515	113	1 164
86	530	114	1 200
87	545	115	1 237
88	560	116	1 275
89	580	117	1 315
90	600	118	1355
91	615	119	1 397
92	630	120	1 440

续表

荷重等级	最大载荷质量 /kg	荷重等级	最大载荷质量 /kg
93	650	121	1 485
94	670	122	1 531
95	690	126	1 578
96	710	124	1 627
97	730	125	1 677
98	750		

● H 表示速度等级，表明轮胎能行驶的最高车速。常见的速度等级及对应的最高车速见表 6-3。

表 6-3 常见的速度等级及对应的最高车速

速度等级	最高车速 /(km/h)	速度等级	最高车速 /(km/h)
L	120	T	190
M	130	U	200
N	140	H	210
P	150	V	240
Q	160	Z	240 以上
R	170	W	270 以下
S	180	Y	300 以下

另外，在轮胎规格前加"P"，表示轿车轮胎；在胎侧标有"REINFORCED"，表示经强化处理："RADIAL"表示子午线胎；"TUBELESS"（或 TL）表示无内胎（真空胎）；"M+S"（Mud&Snow）表示适用于泥地和雪地；"→"表示轮胎旋向，不可装反。

三、车轮平衡的概念与不平衡的原因

1. 车轮平衡的概念

车轮的平衡可分为车轮静平衡和车轮动平衡。

（1）车轮静平衡与静不平衡

支起车轴，调整好轮毂轴承的松紧度，用手轻转动车轮，使其自然停转。车轮停转后在离地最近处做一标记，然后重复上述试验多次。若车轮经几次转动自然停转后，所做标记的位置各不一样，或强迫停转后，消除外力车轮也不再转动，则车轮为静平衡。静平衡的车轮，其旋转中心与车轮中心重合。

如果每次试验的标记都停在离地最近处，则车轮为静不平衡。静不平衡的车轮，其旋转中心与车轮中心不重合。

（2）车轮动平衡与动不平衡

在图 6-30（a）中，车轮是静平衡的，在该车轮旋转轴线的径向反位置上，各有一作用半径、质量相同的不平衡点 m_1 与 m_2，且不处于同一平面内。对于这样的车轮，其不平衡点的离心力合力为零，但离心力的合力矩不为零，转动中产生方向反复变动的力偶 M，使车轮处于动不平衡中。动不平衡的前轮绕主销摆动。如果在 m_1 与 m_2 同一作用半径的相反方向上配置相同质量 m_1' 与 m_2'，则车轮处于动平衡中，如图 6-30（b）所示。动平衡的车轮肯定是静平衡的，因此对车轮主要应进行动不平衡检测。

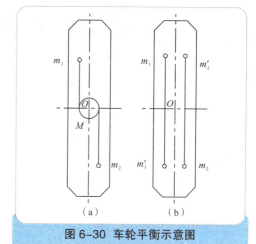

图 6-30 车轮平衡示意图

（a）车轮静平衡但动不平衡；（b）车轮动平衡且静平衡

2. 引起车轮不平衡的原因

1）轮毂、制动鼓（盘）加工时定心定位不准，加工误差大，非加工面铸造误差大，热处理变形，使用中变形或磨损不均。

2）轮胎螺栓质量不等，轮辋质量分布不均或径向圆跳动、端面圆跳动太大。

3）轮胎质量分布不均，尺寸或形状误差太大，使用中变形或磨损不均，使用翻新胎或补胎。

4）双胎的充气嘴未相隔 180° 安装，单胎的充气嘴未与不平衡点标记（经过平衡试验的新轮胎，往往在胎侧标有红、黄、白或浅蓝色的□、△、○或◇符号，用来表示不平衡点位置）相隔 180° 安装。

5）轮毂、制动鼓（盘）、轮胎螺栓、轮辋、内胎、衬带、轮胎等拆卸后重新组装成车轮时，累计的不平衡质量或形位偏差太大，破坏了原来的平衡。

三、车轮平衡机及使用方法

1. 车轮平衡机的类型

车轮平衡机也称为车轮平衡仪，用来检测车轮的平衡度。车轮平衡机按功能可分为车轮静平衡机和车轮动平衡机两类，按测量方式可分为离车式车轮平衡机和就车式车轮平衡机两类，按车轮平衡机转轴的形式可分为软式车轮平衡机和硬式车轮平衡机两类。

使用离车式车轮平衡机时，将车轮从车上拆下安装到车轮平衡机的转轴上检测其平衡状况。

对于软式车轮平衡机，安装车轮的转轴由弹性元件支承。当被测车轮不平衡时，该轴与其上的车轮一起振动，测得该振动即可获得车轮的不平衡量。硬式车轮平衡机的转轴由刚性元件支承，工作中转轴不产生振动，它是通过直接测量车轮旋转时不平衡点产生的离心力来确定不平衡量的。

凡是可以测定车轮左、右两侧的不平衡量及其相位的车轮平衡机，可以称为二面测定式车轮平衡机。

就车式车轮平衡机既可进行静平衡试验，又可进行动平衡试验。

2. 离车式车轮平衡机的结构与使用方法

（1）离车式车轮平衡机的结构

离车式车轮平衡机按动平衡原理工作，既可用于检测不平衡力，也可用于测定不平衡力矩，由于车轮拆离车桥装于平衡主轴上，一切结构和安装基准都已确定，所以无须自标定过程。因此，平衡机的构造和电测系统都较简单，在进行平衡操作时，只要将被测车轮的轮辋直径和轮胎宽度以及安装尺寸输入电测电路即可完成平衡作业，平衡机仪表即会自动显示轮胎两侧的不平衡质量 m_1 和 m_2 及其相位。

离车式平衡机的主轴采用卧式布置，故称为卧式平衡机，如图 6-31 所示。卧式平衡机最大的优点是被测车轮装卸方便，机械结构和传感装置也较简单，造价也较低廉，因此深受修理维护厂家的欢迎，同时也是制造厂家的首选机型。但由于车轮在悬臂较长的主轴上易形成很大的静态力矩，会影响传感系统的初始设定状态，尤其是垂直传感器的预紧状态，因此长时间使用后精度难以保证，零漂也较大，但其平衡精度仍然能满足一般营运车辆的要求，其灵敏度能达到 10g。

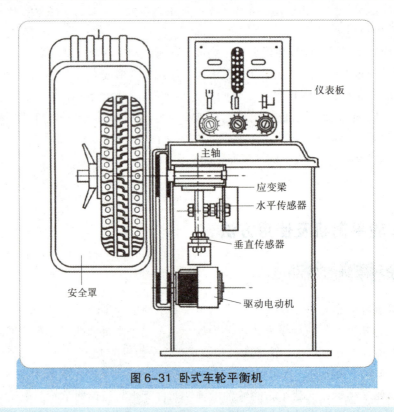

图 6-31 卧式车轮平衡机

立式平衡机的主轴采用垂直布置，虽然装卸车轮不如卧式平衡机方便，但其车轮重量直压在主轴中心线上，不但不会形成强大的力矩，而且垂直传感器受到的静载反而比车轮重量还小。应变件是一块与工作台面同等大小的方形应变板，水平传感器设计成左、右各一个，比卧式平衡机的单个水平传感器的力学结构要稳定得多，方形应变板上开有多个空槽以减小应变板的刚性,从而大大地提高了传感系统的灵敏度。因此,立式平衡机的精度极高,灵敏度可达到3g,且具有良好的重复性和稳定性。

离车式平衡机的参数显示和操作系统因采用CRT显示或发光二极管显示,其外形结构差异很大,但其基本操作内容大同小异。前者显示形象美观,设有屏幕提示,操作方便,但造价较高;后者结构简单,工作可靠,参数调整方便,成本低廉。图6-32所示就是最为典型的一种操作面板,旋钮8设定轮胎宽度B,旋钮7设定轮辋直径D,旋钮6设定安装尺寸C。对于立式平衡机而言,C值是胎面至顶面安全罩的距离(安全罩转下处于工作状态);对于卧式平衡机而言,C值是胎面至平衡机箱体的距离。B、C、这3个参数相当于原理图[图6-32(b)]中的b、c、D,C值是一个当量值,是图中c值伸向机体外的部分,其余部分已固化在电算电路中。

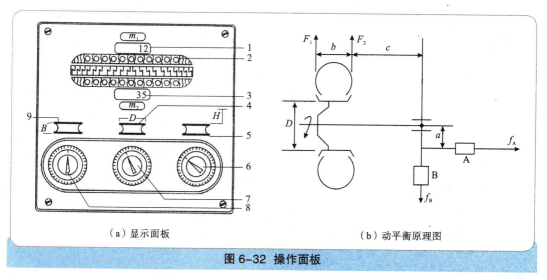

图6-32 操作面板

1—上平衡量;2—平衡相位指示;3—下平衡量;4—轮辋直径;5—安装位置;6—安装位置设定;
7—轮辋直径设定;8—轮胎厚度设定;9—轮胎厚度

车轮由专用定位锥和紧固件安装就绪后即可起动电动机实施平衡,待转数周期累积足够时,上、下(或左、右)不平衡值m_1和m_2即有数字显示,届时即可停车。待车轮完全停止后即可用手转动车轮,这时发光二极管会随转动而左、右(或上、下)跳闪,如将上排光点调至中点,这时就可在车轮的轮辋平面正对外缘(操作者方向)处加装m_1,显示的平衡重见图6-33,然后,再用同样的方法加装m_2值平衡重。加装完毕后,进行第二次试验,观察剩余不平衡量是否满足法规要求。各机型的具体操作步骤略有差异,使用者应按所用机型的使用说明书进行操作。

车轮在平衡机主轴上的定位至关重要,为了确保不同形式和不同规格的车轮的中心都能与主轴中心严密重合,所有离车式车轮平衡机均配有数个大小不等的定位锥体。锥体内孔与主轴高精度配套,外锥面与轮辋中心孔紧密接合,并由专用快速蝶形压紧螺母紧压于主轴定位平台上。注意车轮的外侧应向下(立式平衡机)或向内(卧式平衡机)。

为了方便用户,离车式平衡机都随机配备一个专用卡尺,以方便用户测量轮辋直径D和轮胎宽度B,因为轮胎宽度用直尺是难以测量的。为了适应不同的计量制式和不同国家的要求,平衡机上的所有标尺一般都同时标有英制刻度和公制刻度。

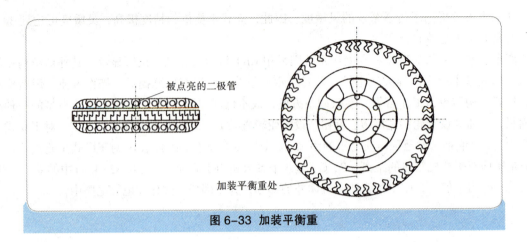

图 6-33 加装平衡重

① 平衡重

　　车轮平衡机的平衡重也称配重。目前,通常使用卡夹式配重和粘贴式配重两种形式。卡夹式配重多用于轮辋有卷边的车轮;对于铝镁合金轮辋,因无卷边可夹,则使用粘贴式配重,通常使用不干胶将其外弯面粘贴于轮辋内表面。

　　标准的平衡重有两个系列。一个系列以盎司(oz)为基础单位,分9挡,最小为14.2 g(0.5oz),最大为107.19 g(6oz),间隔为14.2 g(0.5oz);另一种以克(g)为基础单位,分14挡,最小为5 g,最大为80 g,60 g以上的每10 g分为一挡。

② 重要说明

　　● 离车式平衡机的主轴固定装置和就车式平衡机的支架上都装有精密的位移传感器和易碎裂的压电晶体传感器,因此严禁冲击、敲打主轴或传感器支架。

　　● 在检修平衡机时,传感器的固定螺栓不得任意松动。因为这类螺栓不是一般的紧固件,需由它向传感晶体提供必要的预紧力,当这一预紧力发生变化时,电算过程将完全失准。

　　● 商业系统供给的平衡重最小间隔为5g,因此过分苛求车轮平衡机的精度和灵敏度并无太大的实际意义。在特殊情况下,如高速轿车和赛车,则可使用特制的平衡重块。

　　● 必须明确平衡机的机械系统和电算电路都是针对在正常使用条件下平衡失准或轻微受损但仍能使用的车轮而设计的,而因交通事故严重变形的轮辋或胎面大面积剥离的车轮是不能上机进行平衡作业的。一方面,不平衡量过大的车轮旋转时产生的离心力可能损伤平衡机的传感系统;另一方面,超值的不平衡力可能溢出电算范围而使设备"拒绝"工作。

　　● 当不平衡量超过最大平衡重时可并列使用两个以上平衡重,但这时要注意,因多个配重占用较大的扇面会使其有效质量低于实际质量,因而其在扇面上所处位置的实际半径 R_2 小于计算半径 R_1。如图6-34所示,这种情况不仅会影响该面的平衡力,而且还波及左、右两面的力矩平衡(即动平衡量)。因此,在使用多个平衡重时须慎重处理。

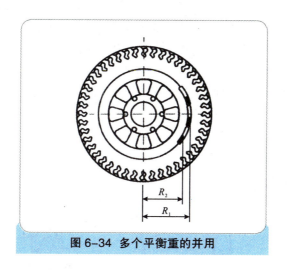

图 6-34 多个平衡重的并用

（2）离车式车轮平衡机的使用方法

- 清除被测车轮上的泥土、石子和旧平衡块。
- 检查轮胎气压，视必要充至规定值。
- 根据轮辋中心孔的大小选择锥体，仔细地装上车轮，用大螺距螺母上紧。
- 打开电源开关，检查指示与控制装置的面板是否指示正确。
- 用卡尺测量轮辋宽度 b、轮辋直径 d（也可由胎侧读出），用平衡机上的标尺测量轮辋边缘至机箱距离 a，用键入或选择器旋钮对准测量值的方法，将 a、b、d 直接输入指示与控制装置中。为了适应不同计量制式，平衡机上的所有标尺一般都同时标有英制刻度和公制刻度。
- 放下车轮防护罩，按下起动键，车轮旋转，平衡测试开始，微机自动采集数据。
- 车轮自动停转或听到"嘀"声，按下停止键并操纵制动装置使车轮停转后，从指示装置读取车轮内、外不平衡量和不平衡位置。
- 抬起车轮防护罩，用手慢慢转动车轮。当指示装置发出指示（音响、指示灯亮、制动、显示点阵或显示检测数据等）时停止转动。在轮辋的内侧或外侧的上部（时钟12点位置）加装指示装置显示的该侧平衡块质量。内、外侧要分别进行，平衡块装卡要牢固。
- 安装平衡块后有可能产生新的不平衡，应重新进行平衡试验，直至不平衡量小于 5g，指示装置显示"00"或"OK"时才能满意。当不平衡量相差 10 g 左右时，如能沿轮辋边缘左右移动平衡块一定角度，将可获得满意的效果。

3. 就车式车轮平衡机及使用方法

（1）就车式车轮平衡机的结构

使用就车式车轮平衡机，无须从车上拆下车轮，就车即可测得车轮的平衡状况。就车式车轮动平衡机一般由驱动装置、测量装置、指示与控制装置、制动装置和小车等组成，如图 6-35 所示，图 6-36 所示为工作图。驱动装置由电动机、转轮等组成，能带动支离地面的车轮转动。测量装置由传感磁头、可调支杆、底座和传感器等组成。它能将车轮不平衡量产生的振动变成电信号，送至指示与控制装置。指示与控制装置由频闪灯、不平衡度表或数字显示屏等组成。频闪灯用来指示车轮不平衡点位置，不平衡度表或数字显示屏用来指示车轮的不平衡量。不平衡量一般有两个挡位。第一挡往往用于初查时的指示，第二挡往往用于装上平衡块后复查时指示。制动装置用于车轮停转。除测量装置外，车轮动平衡机的其余装置都装在小车上，可方便地移动。

图6-35 就车式车轮动平衡机示意图

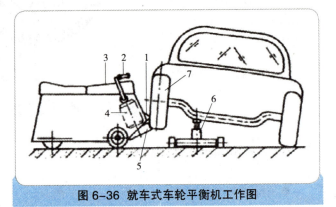

图6-36 就车式车轮平衡机工作图

1—转向节；2—传感磁头；3—可调支杆；
4—底盘；5—转轮；6—电动机；
7—频闪灯；8—不平衡度表

1—光电传感器；2—手柄；3—仪表板；4—驱动电动机；
5—摩擦轮；6—传感器支架；7—被测车轮

（2）就车式车轮平衡机的使用方法

① 准备工作

- 用千斤顶支起车轴，两边车轮离地间隙要相等。
- 清除被测车轮上的泥土、石子和旧平衡块。
- 检查轮胎气压，视必要充至规定值。
- 检查轮毂轴承是否松旷，视必要调整至规定松紧度。
- 在轮胎外侧面任意位置上用白粉笔或白胶布做上记号。

② 从动前轮静平衡

- 用三角垫木塞紧非测试车轮，将就车式车轮动平衡机的测量装置推至被测前轮一端的前轴下，传感磁头吸附在悬架下或转向节下，调节可调支杆高度并锁紧。
- 推平衡机至车轮侧面或前面（视车轮平衡机形式不同而异），检查频闪灯工作是否正常，检查转动的旋转方向能否使车轮的转动力与前进行驶时方向一致。
- 操纵车轮动平衡机转轮与轮胎接触，起动驱动电动机带动车轮旋转至规定转速。
- 观察频闪灯照射下的轮胎标记位置，并从指示装置（第一挡）上读取不平衡量数值。
- 操纵平衡机上的制动装置，使车轮停止转动。
- 用手转动车轮，使其上的标记仍处在上述观察位置上，此时轮辋的最上部（时钟12点位置）

即为加装平衡块的位置。
- 按指示装置显示的不平衡量选择平衡块，牢固地装卡到轮辋边缘上。
- 重新驱动车轮进行复查测试，指示装置用二挡显示。若车轮平衡度不符合要求，应调整平衡块质量和位置，直至符合平衡要求。

③ 从动前轮动平衡

- 将传感磁头吸附在经过擦拭的制动底板边缘平整之处。
- 操纵平衡机转轮驱动车轮旋转至规定转速，观察轮胎标记位置，读取不平衡量数值，停转车轮找平衡块加装位置，加装平衡块和复查等，方法与静平衡相同。

④ 驱动轮平衡

- 顶起驱动车轮。
- 用发动机、传动系驱动车轮，加速至 50~70km/h 的某一转速下稳定运转。
- 测试结束后，用汽车制动器使车轮停转。
- 其他方法与从动轮动、静平衡测试相同。

4. 注意事项

1）离车式车轮动平衡机的主轴固定装置和就车式车轮动平衡机的支架上都装有精密的位移传感器和易碎裂的压电晶体传感器，因此严禁冲击和敲打主轴或传感器支架。

2）在检修车轮动平衡机时，传感器的固定螺栓不得松动。因为这一螺栓不是一般的紧固件，需要由它向传感晶体提供必要的预紧力。当这一预紧力发生变化时，电算过程将完全失准。

3）车轮动平衡机的平衡重也称配重，通常有卡夹式和粘贴式两种类型。卡夹式配重适用于轮辋有卷边的车轮。对于铝镁合金轮辋，因无卷边可夹，可使用粘贴式配重。粘贴式配重的外弯面有不干胶，粘贴于轮辋内各面。

4）必须明确，车轮动平衡机的机械系统和电算电路都是针对正常车轮使用条件下平衡失准或轻微受损但仍能使用的车轮而设计的，因交通事故而严重变形的轮辋或胎面大面积剥离的车轮是不能上机进行平衡检测的。一方面，不平衡量过大的车轮旋转时的离心力可能损伤车轮动平衡机的传感系统；另一方面，超值的不平衡力可能溢出电算范围而使仪器自动拒绝工作。

5）当不平衡量超过最大平衡重时，可用两个以上平衡重并列使用。但这时要注意，因多个平衡重占用较大的扇面会使其有效质量低于实际质量。

6）一般情况下，离车式车轮动平衡机或就车式车轮动平衡机都是分别各自使用的。但对于高速行驶的汽车车轮而言，如果用离车式车轮动平衡机平衡后再装在车上行驶时，仍会出现不平衡现象。因此，使用离车式车轮动平衡机平衡车轮后，最好能再用就车式车轮动平衡机进行校对。

一、汽车车轮定位

为提高汽车行驶的安全性、平顺性和舒适性，汽车研发部门应合理设计车轮定位角。正确的车轮定位角可以保证汽车转向轻便、转向后能自动回正，并能在汽车转向时、急剧改变车速时、高速行驶时以及在坏路行驶或紧急制动时保证行驶方向的稳定性。

1. 前轮定位

在装配转向轮、转向节和前轴或下摆臂时，应确保相对位置的合理性，这种具有相对位置的装配关系叫做前轮定位。前轮定位包括前轮外倾角、前轮前束、主销后倾角和主销内倾角4个参数。另外，转向梯形、转向不足和转向负前束也是影响装配关系的重要指标参数。

前轮定位的作用有以下几个。

● 保证汽车直线行驶的稳定性。在水平面上，前轮定位可确保驾驶员双手离开转向盘后，汽车仍能直线向前行驶，遇到小坑、小包以及拱形路面时仍能保持直线行驶；在承载后，能确保车轮垂直于路面，扼制转向轮的摆振；在高速行驶时，能确保汽车不会发生转向、发飘的现象。

● 当有外力使车轮偏转或驾驶员转向后，前轮定位能保证转向盘自动回正。

● 前轮定位可使转向轻便。

● 前轮定位可减少转向轮和转向机构的磨损，最大限度地延长轮胎的使用寿命。

（1）主销后倾角

在汽车纵向垂直平面内，主销轴线与通过前轮中心垂线的夹角叫做主销后倾角，如图6-37(a)所示；向垂线后面倾斜的角度称为正主销后倾角，如图6-37(b)所示；向前倾斜的角度称为负主销后倾角，如图6-37(c)所示。

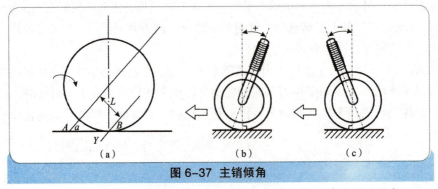

图 6-37 主销倾角

（a）主销后倾角的原理图；（b）正主销后倾角；（c）负主销后倾角

主销后倾角的作用包括如下两点。

1）保证汽车直线行驶的稳定性。按照国内传统的汽车理论，主销后倾角越大，行驶中产生的离心力就越大，防止车轮发生偏转的反向推力也会相应增大，所以主销后倾角越大，汽车直线行驶的稳定性就越好。但是主销后倾角越大，汽车转向时所要克服的反向推力就越大，转向也会愈加困难，所以主销后倾角不能超过3°。

2）适当加大主销后倾角是帮助车轮回正的有效方法。转向轮发生偏转时，主销后倾角可帮助转向轮自动回正到中间位置。

（2）主销内倾角

在汽车横向平面内，主销轴线与铅垂线的夹角即为主销内倾角，如图6-38所示。主销内倾角的作用有如下几个。

①帮助转向轮自动回正

前轮是围绕着主销旋转的，而主销是向内倾斜的。主销内倾可降低转向节距离地面的高度，使其距地面更近，其所产生的重力作用可使车辆高度降低，转向轮在转向时沿着倾斜的主销做弧线运动，就和门围绕歪斜的门轴做弧线运动一样，随着转向角和主销内侧倾角的增大，轮胎外侧将逐步增加对路面的压力。当汽车在松软的路面上转向时，主销内倾角越大，转向角越大，转向轮外侧压入地下越多，才有可能实现转向。汽车在柏油、水泥路面上行驶时，地面比轮胎更为坚硬，轮胎不可能陷入地下。于是在地面的反作用力下，转向轮连同它所承载的汽车前部都要抬起一个相应的高度，才能顺利实现转向。

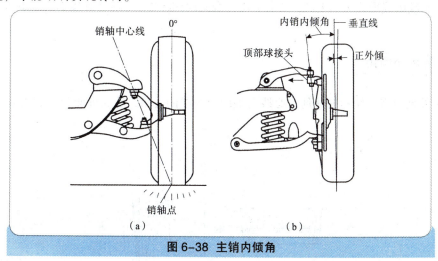

图6-38 主销内倾角

（a）销轴中心线；（b）主销内倾角的原理图

②使转向轻便

由于前轴重心在主销的轴线上，主销内倾角可缩短主销轴线延长线与路面的交点以及车轮中心地面的交点的距离，从而缩短力臂使转向变轻。主销轴线的延长线距车轮的中心线过近容易使转向发飘，所以传统的后轮驱动汽车的主销轴线的延长线大都设计在距车轮中心线40~60 mm处。而20世纪70年代以后开发的前轮驱动汽车由于在技术上做了改进，主销内倾角越大，行驶稳定性也越好。

（3）前轮前束

从汽车正上方往下看，轮胎中心与汽车纵向线之间的夹角为前束角，如图6-39所示。

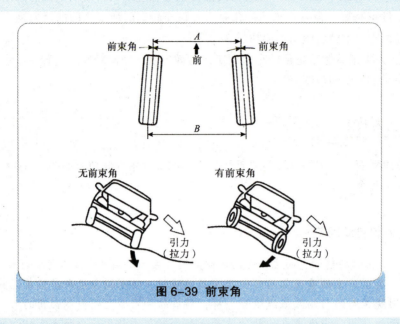

图6-39 前束角

前束的作用是消除由于外倾角所产生的轮胎侧滑。但是，当正前束太大时，轮胎外侧会呈现由于正外倾角太大所形成的磨损状态，胎纹磨损形式为羽毛状；当用手从内侧向外侧抚摸时，胎纹外缘会有锐利的刺手感觉；当负前束太大时，轮胎内侧会呈现由于负外倾角太大所形成的磨损形态，胎纹磨损形式为羽毛状；当用手从外侧向内侧抚摸时，胎纹外缘会有锐利的刺手感觉。

（4）前轮外倾角

从汽车的前方看，轮胎的几何中心线与地面铅垂线的夹角，称为外倾角，如图6-40所示。

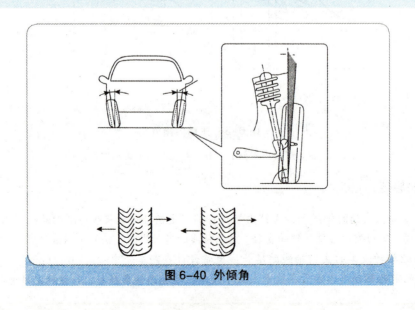

图6-40 外倾角

当轮胎中心线与铅垂线重合时，称为零外倾角，其作用是防止轮胎产生不均匀磨损；当轮胎中心线在铅垂线外侧时产生的夹角称为正外倾角，其作用主要是减轻作用于转向节上的负载，防止车轮滑落，防止由于载荷而产生不需要的外倾角及减小转向操纵力；当轮胎中心线在铅垂线内侧时产生的夹角称为负外倾角，其作用是使内、外侧滚动半径近似相等，使轮胎的内、外侧磨损均匀，还可以提高车身的横向稳定性。

（5）转向梯形

车辆转弯时，内侧车轮被迫沿着弧形轨迹行驶，且转弯半径小于外侧车轮。如果在设计时使两侧转向臂相互平行，那么转弯时两前轮也将保持平行，极易引发轮胎滑移。如在设计时使前轴、梯形臂、横拉杆构成转向梯形，可使汽车在转向时两前轮产生不同的转向角，通常内侧车轮转向角要比外侧车轮转向角大 1°～3°，这样可使两前轮沿着各自方向的弧形轨迹滚动，从而可消除轮胎的滑动，相关工作原理参见图 6-41。

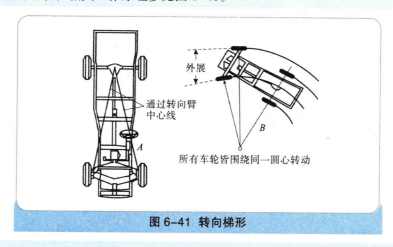

图 6-41 转向梯形

转向时，所有车轮运动轨迹的向心线都应相交于一点，此点称为转向心。横拉杆位于前轴后端的等腰梯形叫正方梯形，横拉杆位于前轴前端的等腰梯形叫反梯形。两者在作用上没有区别。

（6）转向不足

在试转半径时，转向盘转到止端，并保持不动，节气门开度稳定，车轮的转弯半径在一定的圆周上保持不动，似乎是理所当然的事，但实际上转向不足的汽车（又称为平稳转向，大部分汽车都采用这种设计），随着旋转圈数的增加，转弯半径会逐渐增大，这种特性是由前、后轮胎侧偏角不同引起的。由于后轮侧偏角小于前轮侧偏角，在连续做转弯半径测试时，后轮因无法与前轮行进方向保持一致而变慢，所以转弯半径也逐渐增大，出现转向不足。转向不足的好处是当驾驶员转向时，即使实际转向低于自己的设想，也容易修正过来。

（7）转向负前束（转向前展）

转向负前束是指转向时内侧车轮相对于外侧车轮的角度差。转向系的结构使车轮角度随转向角度的变化而变化，该角度的变化由转向梯形来保证。如负前束不正确，将加剧轮胎磨损，并出现转向噪声及转向跑偏现象。

2. 后轮定位

（1）与后轮定位相关的概念及作用

后轮外倾角：前轮驱动汽车的后轮通常采用负外倾角，即空载时后轮向内倾斜，承载后或做举升运动时垂直于路面。

前轮驱动轿车通常采用很小的后轮反前束。前轮驱动汽车在行驶中的驱动力使后轮芯轴受向后的作用力，导致后轮的前端距离略大于后端距离。和后轮外倾角一样，前轮驱动汽车后轮的反前束值也比前轮大一倍左右。后轮前束主要是为了使前、后车轮以后轮推力为定位基准，使4个车轮保持平行，保证汽车直线行驶的稳定性，从而减少后轮在行驶中的侧滑，以最大限度地延长后轮轮胎的使用寿命。

车辆的几何中心线是指恰好穿过前、后轮中央的假想线。

推力线是与后轮中心线成正90°的向前延伸的线。汽车受到猛烈冲击或悬架衬套磨损松旷都会使推力线发生偏移。推力线如果和汽车前、后轮几何中心线平行，再配合适当的主销后倾角和主销内倾角，在笔直的公路上，即使驾驶人员的双手离开转向盘，车辆仍可以保持直线行驶。推力角如图6-42所示。

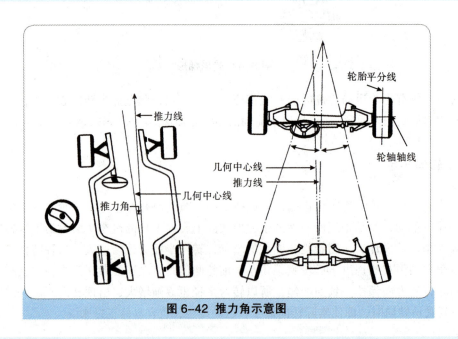

图6-42 推力角示意图

后轮偏向是指向桥壳或向外偏，后轮推力线不再和几何中心线平行。

后轴偏向导致推力线偏离几何中心线，见图6-43和图6-44。推力线偏离几何中心线，不仅会造成行驶跑偏的倾向，而且会加重汽车转向轮胎的侧滑。

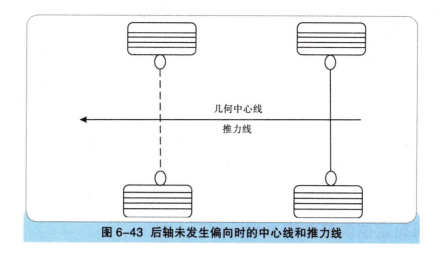

图 6-43 后轴未发生偏向时的中心线和推力线

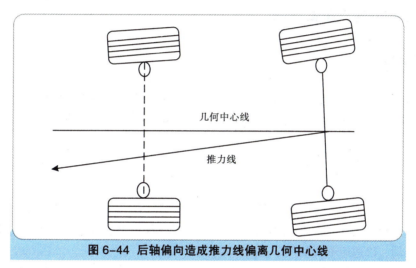

图 6-44 后轴偏向造成推力线偏离几何中心线

（2）后轮定位

设置后轮定位可削弱后轴偏向、偏迹的问题在正常行驶和转向中产生的负面影响，保持正确的后轮外倾角和后轮前束。如出现轮胎畸形磨损，特别是在后轮胎冠出现偏磨损（后轮外倾角不对），后轮胎肩处出现锯齿形磨损（后轮前束严重超差），以及后轮悬架发生早期磨损时，都应做四轮定位。

设置后轮前束最主要的目的是使后轮推力线和几何中心线重合。设置后轮外倾角最主要的目的是改善转向的稳定性。

3. 前轮定位与后轮定位的区别

若汽车只做前轮定位（又叫二轮定位），在定位基准上就可能发生偏差，因为前轮定位是以几何中心线（即两前轮和两后轮之间的中心线）为定位基准，而不是以后轮推力线为定位基准的。一旦后轮定位角发生偏差，后轮推力线就会和几何中心线发生偏离，形成推力角，无法保证直线行驶时4个车轮处于平行状态。在直线行驶时，前轮必然脱离定位基准，难以保证行驶的直线性。

四轮定位和前轮定位的最大区别是定位基准的选定。做四轮定位时将后轮推力线当作车轮定位基准线，后轮推力线是后轮总前束的中心线，该基准线由后轮定位角决定。做四轮定位时，应先检测和调整后轮定位。如果后轮定位角不对，而后轮定位在设计上又是可以调整的，则需要更换那些变形的零部件，即负责车轮定位的悬架上的部件，常见的有摆臂、减振器以及导向装置。在后轮定位调整完毕后，后轮推力线和几何中心线重合，再以该参考线为基准，对每一个前轮进行测量调整，可以保证4个车轮在直线行驶时处于平行状态，转向系处于几何中心，从而满足车辆在设计时的动力学条件，达到车辆设计时的性能要求。

任何机械式的定位装置都只能做前轮定位，而无法做后轮定位和四轮定位。

二、四轮定位仪的结构原理

1. 光学式四轮定位仪

（1）测试投影仪

测试投影仪的结构如图6-45所示，其功能是投射十字刻度线和作为屏幕接收从轮镜上反射回来的十字刻度线。根据基准线与十字刻度线相交的刻度，可读出车轮前束角、外倾角、主销后倾角等参数。

（2）导轨

导轨的结构如图6-46所示，其功用是支撑测试投影仪。位于后轮处的导轨较长，可保证投影仪能来回滑动，以适应不同轴距车辆的检测要求。

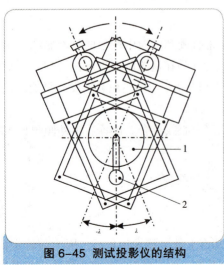

图6-45 测试投影仪的结构

1—倾角测量电位计；2—重锤；λ—车轮外倾角、主销内倾角的测量角

图6-46 导轨的结构

1—带十字刻度线的屏幕；2—主销后倾角指针；3—投光镜；4—导轨

(3) 转盘

转盘的结构如图 6-47 所示。转盘置于前轮下，以确保车轮在其上能灵活、轻便地转动。

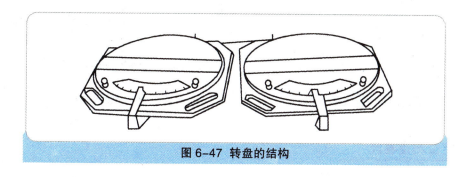

图 6-47 转盘的结构

转盘的内部结构如图 6-48 所示。转盘下面为一个固定盘，上面为一个活动盘，两个盘之间有滚珠或滚柱及其保持架，以确保上面的转盘可以转动自如。下转盘里装有十字导轨以支撑指示车轮转角的刻度指针。

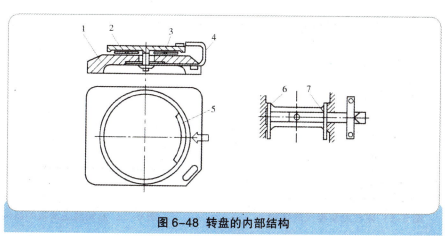

图 6-48 转盘的内部结构

1—底盘；2—上转盘；3—钢球；4—指针；5—刻度尺；6—横向导轨；7—纵向导轨

(4) 万能轮镜安装架

万能轮镜安装架的结构如图 6-49 所示。安装架的 3 个卡爪分别固定在轮辋边沿，卡爪可依据轮辋尺寸大小进行调节，并可通过其上的偏心手柄锁紧。

(5) 轮镜

轮镜的结构如图 6-50 所示。轮镜有 3 个镜面，左、右两镜面与中间镜面间的夹角为 20′，用于接收并反射由投影仪投射出来的光线。轮镜通过锁紧套夹紧在调整盘上，调整盘又通过三角形布置的螺栓固定在万能轮镜安装架上。

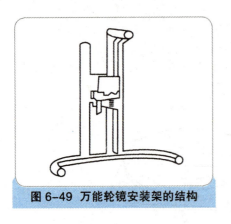

图6-49 万能轮镜安装架的结构

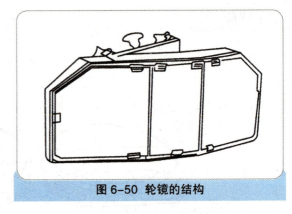

图6-50 轮镜的结构

(6) 定位测量卷尺

定位测量卷尺的结构如图6-51所示。定位测量卷尺包括一把卷尺和一个磁性座,其功能是测量汽车的摆正情况。

(7) 后轮摆正滑板

后轮摆正滑板的结构如图6-52所示。后轮摆正滑板置于后轮下面,可以左右摆正汽车。

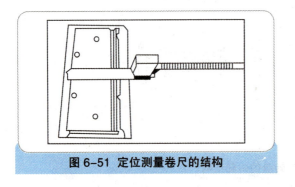

图6-51 定位测量卷尺的结构

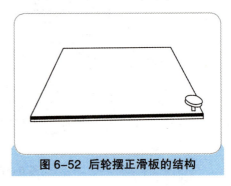

图6-52 后轮摆正滑板的结构

(8) 主销内倾角测试仪

主销内倾角测试仪的结构如图6-53所示。它安装在轮镜调整盘上,是专门用来测试主销内倾角的。

2. 微机拉线式四轮定位仪

微机拉线式四轮定位仪如图6-54所示,其主要由带微处理器的主机柜及彩色显示器、键盘、打印机、红外电子测量尺(用来检测轮距)、红外遥控器、标准转盘或电子转盘、自定心卡盘、传感器、接线盒、电缆、传感器拉线、转向盘锁定杆和制动杆等组成。

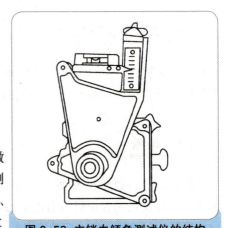

图6-53 主销内倾角测试仪的结构

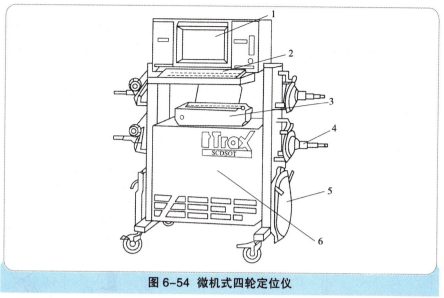

图 6-54 微机式四轮定位仪

1—彩色显示器；2—键盘；3—打印机；4—自定心卡盘；5—转盘；6—主机柜

3. 微机激光式四轮定位仪

这里着重介绍美国强兵公司生产的 JBC "战车" 牌微机激光式四轮定位仪。该四轮定位仪主要由一台电子计算机和 4 个光学机头构成。微机把机头检测到的信息进行处理，用数字显示出来。微机能把存储的原厂技术标准与测量值进行比较，判断故障原因；还能用动画显示调整办法，并可存储检测调整后的数据。

微机激光式四轮定位仪具有红外线光电前束测量系统和电子倾斜仪外倾角测量系统。微机自动校正跑台前、后、左、右的不平，在前角零度时测量外倾角和后倾角。它具有独立快速进行钢圈圆度、平面度偏差的补偿能力，并有微机辅助调整等特殊功能，可同时测量后倾角和主销内倾角。因此使用美国 JBC 四轮定位仪可以达到快速、方便和准确地测量的目的。

四轮定位仪的主要检测机件是 4 个光学机头。光学机头里都有一套红外线发射和接收的电子光学系统，如图 6-55 所示。每个光学机头里都有一个倾角传感器和一个小内倾角传感器，如图 6-56 所示。传感器把采集到的前束和倾斜度的信号通过电缆传送给微机进行处理。

机头里的两个倾角传感器呈 90° 放置，分别测量机头在互相垂直的两上平面内的倾斜度，

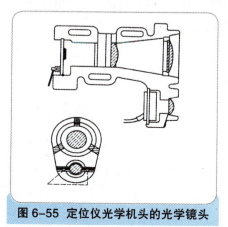

图 6-55 定位仪光学机头的光学镜头

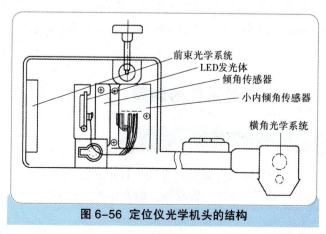

图 6-56 定位仪光学机头的结构

如图 6-57 所示。这种电子倾角传感器的主要元件是两个光测器和一个转矩计，如图 6-58 所示。转矩计像一个钟摆，在摆转时会发出脉冲。在不垂直的情况下且它的臂处于两个光测器之间时会发出脉冲。在垂直的情况下，它的臂处于两个光测器中间，没有电流输出。当机头倾斜时，光测器随机头倾斜而产生高度差，转矩计臂像钟摆一样，机头转过一定角度，它仍保持垂直，靠在低侧的光测器上。机头倾斜度越大，转矩计臂摆转的角度越大。它每偏转 1°，就会输出 0.5 V 电压。这样，两个倾角传感器就能分别测出外倾角和主销内倾角的大小。

图 6-57 内倾角传感器和外倾角传感器

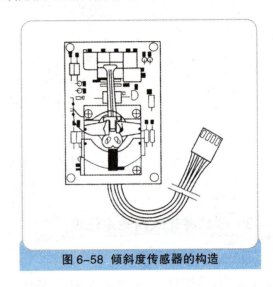

图 6-58 倾斜度传感器的构造

每个机头里都有一个发光二极管印制电路板，能发出一组圆柱形的红外线光束。它们的前面有一个瞄准镜头，可把圆柱形光束转换成箭头状，变成一个个扇形光，经过聚焦后射出。在检测时，由对应机头的接收镜头收到，就能进行前束角度的测量了。

每个机头都装着接收红外线的光电管。光电管接收器捕捉到对面机头发出的红外线信号并将其放大。每个机头接收器的集成电路板就像一个放大器，它把信号送到前束集成电路之前能增大信号信噪比，最大限度地降低器械音振幅。在前束集成电路板上，这个信号被射入高通滤波器进行放大，又送入峰值探测器，其波形再反馈回箝压电路，再转到计算机中央处理器，即可将前束值算出。

机头的安装是非常重要的。机头上的孔往夹板上的轴销套装时一定要到位，以便导正，保证机头与夹板垂直。注意要锁紧螺栓，不能松动，避免机头倾斜。机头稍微有些倾斜就会造成外倾角和内倾角数据失准。因为机头壳是塑料制品，所以锁紧时不能过度用力，以免机壳上螺孔出现裂缝，测不出准确数据。机头要轻拿轻放，千万不能摔在地上，否则仪器将失去准确性。

三、四轮定位的调整

1. 调整方法

汽车四轮定位参数是汽车操纵稳定性的关键参数，一旦四轮定位参数与标准值发生变化，就会引发一系列的车辆行驶故障，如表 6-4 和表 6-5 所示。

表 6-4　四轮定位不良引起行驶故障

定位角度		故障状况
主销后倾角	太大	转向时转向盘沉重
	太小	直行时转向盘摇摆不定； 转向后转向盘不能自动回正
	不等	直行时车子往小后倾角边拉
车轮外倾角	太大	轮胎外缘磨损； 悬架构件磨损
	太小	轮胎内缘磨损； 悬架构件磨损
	不等	直行时车子往大外倾角边拉
前束角	太大	两前轮外缘磨损，且整个轮胎面呈锯齿状磨损； 转向盘漂浮不定
	太小	两前轮内缘磨损，且整个轮胎面呈锯齿状磨损； 转向盘漂浮不定

表 6-5　行驶故障及可能原因

行驶故障	可能的原因
转向盘太重	后倾角太大
转向盘发抖	车轮静态或动态不平衡； 车轮中心点偏心，产生凸轮效应； 发动机不平衡； 制动盘薄厚不均
偏向行驶	左、右后倾角或外倾角不相等； 车身高度左、右不等； 左、右轮胎气压不等； 左、右轮胎尺寸或花纹不相同； 轮胎变形或不良； 转向系统发卡； 制动片发卡
转向盘不正	后轮前束不良，造成推进线偏离； 转向系统不正
轮胎块状磨损	车轮静态不平衡，后轮前束不良
轮胎单边磨损	外倾不良
轮胎锯齿状磨损	前束不良
凹凸波状磨损	车轮动态不平衡； 后轮前束不良

（1）前轮前束的调整方法

对于横梁式前桥，可先松开横拉杆两端接头上的夹紧螺栓，用管钳向后转动横拉杆，使横拉杆伸长或缩短；对于双摆臂式前悬架，由于其横拉杆分为左、右两部分，所以对左、右两边应分别进行调整。当前束呈内八字时，胎纹外缘呈毛状磨损，轮胎内缘快速磨损，转向盘漂浮不稳定；当前束呈外八字时，胎纹内缘呈毛状磨损，轮胎外缘快速磨损，转向盘漂浮不稳定。

（2）前轮外倾角的调整方法

对于横梁式前桥，可采用压床校正前桥的方法调整其前轮外倾角；对于球接头双摆臂式前悬架，可采用在车架和上摆臂轴的安装部位插入垫片的方法调整前轮外倾角。如果外倾角太大，会导致轮胎外缘磨损、悬架配件磨损；如果外倾角太小，会导致轮胎内缘磨损、悬架配件磨损；如果外倾角不等，直线行驶时汽车易往大外倾角边拉。

（3）主销后倾角的调整方法

对于横梁式前桥，可采用在梁上弹簧座和弹簧之间插入楔形垫片的方法进行调整；对于球接头双臂式前悬架，可采用在车架和上摆臂的轴连接处插入垫片的方法进行调整，也可以通过支撑杆来调整。主销后倾角一般不超过2°～3°，如果主销后倾角太大，转向时转向盘太重；如果主销后倾角太小，直线行驶时方向摇摆不定，转向后转向盘不能自动回正；如果主销后倾角不等，直线行驶时车易往小后倾角边拉。它的作用是形成回正的稳定力矩。

主销后倾的工作原理：由于主销后倾，在车轮转向时，地面产生一个阻碍车轮转向的力，这个力可形成一个绕主销轴线的力矩，该力矩方向与车轮转向相反，也称回正力矩。

（4）主销内倾角的调整方法

主销内倾角一般是在悬架结构设计时确定的，不需要调整。主销内倾角一般不大于8°，其作用是确保转向操纵轻便和车轮自动回正。自动回正的原因是汽车前部重力发生作用，其原理如下：当转向车轮在外力作用下，由中间位置偏转一定角度时，车轮的最低点将陷入路面以下，但实际上，车轮下边缘不可能陷入路面以下，而是将转向车轮连同整个汽车前部向上抬起一个相应的高度，这样汽车本身的重量可使转向车轮恢复到原来的中间位置。

2. 操作步骤

（1）准备工作（以KD-120型四轮定位仪为例）

1）把汽车开上举升平台，托住车轮，把汽车举升0.5 m（第一次举升）。
2）托住车身，把汽车举升至车轮能自由转动（第二次举升）。
3）检查轮胎磨损情况，要求各轮胎磨损基本一致。
4）检查轮胎气压，使其符合标准值。
5）做车轮动平衡试验，动平衡试验完成后，将车轮装回车上。
6）检查车身高度，检查车身4个角的高度和减振器的技术状况，如果车身不平应先调好，同时检查转向系统和悬架是否松旷，如松旷则应先紧固或更换零件。
7）降下第二次举升量。
8）接入AC220V电源，但不要开启四轮定位仪主机柜后面板开关。
9）将传感器安装在被测车的4个车轮上，并注意以下事项：

●以驾驶员方向感为基准，1 号传感器安装在右前轮上，2 号传感器安装在右后轮上，3 号感器安装在左前轮上，4 号传感器安装在左后轮上。

●旋转传感器卡具上的上、下卡爪，使传感器在车轮上固定牢固。

10）分别将 4 根电缆线连接到 4 个传感器的接线插座上，如图 6-59 所示。

图 6-59　电缆线的连接

11）调整传感器处于水平状态，使面板上的水准仪气泡居于中间位置。

12）操纵举升器第二次举升被测车辆，使其车轮离开一次平台约 50 mm 高度。

13）松开驻车制动器，使前、后车轮转动自如。

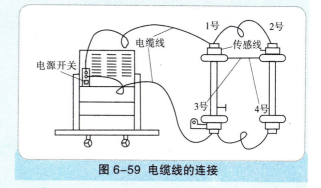

（2）测试步骤

1）开启主机柜后面板上的电源开关，系统运行，30 s 后进入四轮定位测试系统。

2）显示器显示检测界面。界面下方显示“ F1 ：测定；F2 ：修整；F3 ：输入”，使用主机微机键盘或遥控器即可操作。

3）选择汽车公司后按 F1 键时，出现提示“请选择汽车生产国家 !”的界面，如图 6-60 所示。

WHEEL ALIGNMENT 上：↑ 下：↓ ESC：退回Enter确认

请选择汽车生产国家!
国产
韩国
美国
德国
意大利
日本
其他

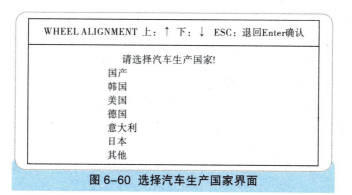

图 6-60　选择汽车生产国家界面

4）通过“↑”、“↓”方向键选择被检车的生产国家，然后按 Enter 键，出现提示“请选择汽车公司！”的界面，如图 6-61 所示。

WHEEL ALIGNMENT 上：↑ 下：↓ ESC　退回Enter确认

请选择汽车公司!
现代汽车公司(HYUNDAI)
大宇汽车公司(DAEWOO)
起亚汽车公司(KIA)
三星汽车公司(SAMSUNG)
其他汽车公司

图 6-61　选择汽车公司界面

5）选择汽车公司后，出现提示"请选择车型！"的界面，如图6-62所示。根据被检汽车厂牌、型号、年代等参数，通过"↑"、"↓"方向键和Enter键可实现选择。

```
WHEEL ALIGNMENT  上：↑  下：↓  ESC：退回 Enter确认

              请选择车型！
          蓝雀(l antra)1.5(91—92)
          蓝雀(l antra)1.5(93—96)
          蓝雀(l antra)1.6(91—92)
          包房(scoupe)PAS(91—92)
          包房(scoupe)(92—95)
          包房PAS(scoupe)(92—95)
          索纳塔(sonata) (88—91)
          索纳塔(sonata) (92—93)
```

图6-62 选择车型界面

注意

上述步骤2）~5）是针对手动操作的，在全自动控制检测线上，由于在登录工位已经将车辆的相关信息输入计算机系统，故当检测员单击"测定"时，将直接进行步骤6）。

6）按仪器使用说明书的要求，对固定在车轮上的传感器按1号→4号→3号→2号的顺序进行轮缘动态补偿操作，以消除轮辋变形对检测的影响。

7）降下第二次举升量，使车轮落到平台上；把汽车前部和后部向下压动4~5次，使各部位落到实处。

8）用制动锁压下制动踏板，使汽车处于制动状态。

9）将转向盘左转至计算机显示"OK"，输入左转角度数；然后将转向盘右转至计算机显示"OK"，输入右转角度数。

10）将转向盘回正，计算机显示车轮的前束及外倾角数值。

11）调整转向盘，并用转向盘锁锁止转向盘，使之不能转动。

12）将安装在4个车轮上的定位校正头的水平仪调到水平线上，此时计算机显示转向轮的主销后倾角、主销内倾角、转向轮外倾角和前束的数值。计算机将比较各测量数值，得出"无偏差"、"在允许范围内"或"超出允许范围"的结论。

（3）检测标准

不同车辆的车轮定位参数值是不同的。四轮定位仪计算机储存了很多车型的车轮定位标准值，可以人工调取，与实测值相比较，对被检车辆的车轮定位状况给出正确的评价。另外，计算机本身也具有自动比较功能，当一个数据测量结束后，计算机自动比较，并给出"合格（或显示绿色）"、"标准"、"超出允许范围"等提示。

思考与练习

一、填空题

1. 轮胎的 _____、_____、_____ 现象等都是汽车操纵稳定性客观评价的主要内容。

2. 影响汽车操纵稳定性的因素有许多，而主要因素包括 _____、_____ 及 _____ 等方面。

3. 车轮的平衡可分为车轮 _____ 和车轮 _____。

4. _____ 平衡机既可进行静平衡试验，又可进行动平衡试验。

5. 前轮定位包括 _____、_____、_____ 和 _____ 4 个参数。

二、选择题

1. 已知车轮的侧滑量大于零，则车轮通过侧滑检测台时，滑动会（　　）。
   A. 向外移动　　B. 向内移动　　C. 不移动　　D. 不确定

2. 在利用离车式平衡仪检测车轮平衡时，不要求输入的参数是（　　）。
   A. 车轮宽度　　　　　　B. 车轮安装尺寸
   C. 平衡仪结构参数　　　D. 车轮轮辋直径

3. 当车轮侧滑量值大于 5mm/m 时，是不列哪种原因造成的（　　）。
   A. 主销后倾角过大或车轮前束角过小
   B. 车轮前束角过大或车轮外倾角过小
   C. 主销后倾角或主销内倾角变化
   D. 车轮前束角过小或车轮外倾角过大

三、问答题

1. 什么是车辆的静不平衡和动不平衡？

2. 什么是主销内倾角？

3. 简述四轮定位仪的操作步骤。

课题七 汽车的平顺性和通过性

学习任务

1. 熟悉汽车平顺性的评价指标；
2. 了解改善汽车平顺性的途径；
3. 熟悉汽车通过性的几何参数；
4. 了解影响汽车通过性的主要因素。

任务一 汽车的平顺性

汽车的平顺性是指保持汽车在行驶过程中乘员所处的振动和冲击环境在一定舒适度范围内的性能。因此，平顺性主要根据乘员主观感觉的舒适性来评价。对于载货汽车还包括保持货物完好的性能。平顺性既是决定汽车舒适性最主要的方面，其本身也是评价汽车性能的主要指标。

一、汽车平顺性的评价指标

汽车平顺性的评价指标通常是依据人体对振动的反应及对保持货物完整的程度来制定的。目前对汽车平顺性的评价有不同的方法。

1. 国际的评价标准

国际标准化组织（ISO）在综合大量有关人体全身振动研究成果的基础上，制定了《人体承受全身振动评价指南》，已被许多发达国家作为本国的国家标准实施，该标准给出了在 1～80 Hz 振动频率范围内，人体对振动反应的3个不同的感觉界限，即暴露界限、疲劳-工效降低界限、舒适降低界限。

（1）暴露界限

当人体承受的振动强度在这个界限之内，将保持健康和安全。通常把此界限作为人体可以承受振动量的上限。

（2）疲劳-工效降低界限

这个界限与保持工作效率有关。当驾驶员承受振动在此界限以内时，能保持正常的驾驶操作；若超过这个界限，则意味着人的感觉的疲劳和工作效率的降低。

（3）舒适降低界限

该界限与保持舒适有关。在这个界限之内，人体对所暴露的振动环境主观感觉良好，能顺利完成吃、读、写等动作。

2. 我国的评价标准

（1）汽车平顺性评价

我国依据《汽车平顺性随机输入试验方法》，提出了"车速特性的概念"。车速特性是指平顺性评价指标随车速变化的关系。用车速特性评价汽车的平顺性比在某一车速评价汽车的平顺性更符合实际。轿车、客车适用"舒适降低界限"车速特性，货车适用"疲劳－降低工作效率界限"车速特性。

（2）车身的固有频率评价

人体器官自幼即已习惯于行走所引起的垂直振动频率（一般在 1.1 ~ 1.5 Hz）。当车身振动频率在此范围内，则人体感到习惯，就不会感到不舒适；当车身的振动频率偏离该范围，则人体感到不舒适。当车身的振动频率低于1Hz时，会引起乘员晕车和恶心；当频率高于1.5 Hz时，人体会明显感受到冲击感，会引起乘员的疲劳和不舒适感。

3. 汽车平顺性的感觉评价

汽车行驶时，来自路面的冲击以及汽车行驶系和传动系中作用力的大小、方向不断变化，汽车会发生各种振动。这些冲击、振动会引起乘坐者的不舒适与疲劳感觉。汽车乘坐是否舒适，与交通情况、汽车性能、设备状况、气候条件、视野、振动及噪声等情况有关，也与乘坐者本身的心理、生理状况有关。因而平顺性的好坏可以根据乘坐者主观感觉的舒适程度来评价。这种主观感觉可以根据所受振动的程度，划分成如下3种：

1）正常：振动很小，人们感到比较舒适，感觉正常，超过此范围，就会感到不舒服。

2）可接受：振动加大，人们感到不大舒服，但还能保持正常的驾驶，不致感到疲劳。

3）可忍受：振动更大，人们感到疲劳，影响正常的驾驶，效率降低，但尚可忍受，不致影响健康和安全。

如果振动再加大，人们就无法忍受，以致影响健康和安全，这在汽车上是不允许的。

二、改善平顺性的途径

1. 悬架结构

减小悬架刚度，降低固有频率，可以减少由于不平路面而引起乘员承受的加速度值，这是改善平顺性的基本措施。但刚度降低会增加非悬架质量的高频振动位移。而大幅度的车轮振动有时会使车轮离开地面，前轮定位角也将发生显著变化，在紧急制动时会产生严重的汽车"点头"现象。转弯时因悬架侧倾刚度的降低，会使车身产生较大的侧倾角。为了使悬架既有大的静挠度又不影响其他性能指标，可采取一些相应措施，如采用悬架刚度可变的非线性悬架。现代货车在后悬架上采用钢板弹簧加副簧即为此种方式的最简易的办法，当载荷增减时，其静挠度保持不变。

目前，比较先进的汽车一般采用主动式悬架，在其结构中植入了可人工或自动控制弹力的调节机构，并能根据路面情况自动调节减振器的刚度和阻尼，以获得更好的行驶舒适性。图7-1所示为空气悬架，和传统的液压减振器配螺旋弹簧的悬架相比，空气悬架利用气体的压缩性实现弹性作用，在 ECU 的计算下可根据车重和路面情况来调节压缩气体的压力，软、硬程度和车身高度可以自行调节控制，所使用的空气弹簧和减振器令舒适性更好。

2. 悬架阻尼

为了衰减车身自由振动和抑制车身、车轮的共振，以减小车身的垂直振动加速度和车轮的振幅（减小车轮对地面压力的变化，防止车轮跳离地面），悬架系统中应具有适当的阻尼。在悬架系统中，引起振动衰减的阻尼主要来自减振器、钢板弹簧叶片之间的摩擦。在各种悬架结构中，以钢板弹簧悬架系统的干摩擦最大，钢板弹簧叶片数目越多，摩擦越大。当干摩擦过于严重时，会增加车身的自振频率，路面的冲击也易于传给车身。

减振器可提高汽车的平顺性，还可增加悬架的角刚度，改善车轮与道路的接触条件，防止车轮离开路面，因而可改善汽车的稳定性，提高汽车的行驶安全性。减振器如图 7-2 所示。改进减振器的性能，对提高汽车在不平道路上的行驶速度有很大的作用。

图 7-1 空气悬架

图 7-2 减振器

3. 轮胎的影响

轮胎对汽车平顺性的影响主要取决于轮胎的径向刚度，适当减小轮胎的径向刚度，可以改善汽车的平顺性。例如，使子午线轮胎径向刚度减小，轮胎的静挠度增加 40% 以上，汽车的平顺性得到改善。但轮胎刚度过低，会引起侧向偏离加大，影响汽车的操纵稳定性。在使用中，通过动平衡试验消除轮胎的动不平衡现象，也是保证汽车平顺性的必要措施。

4. 座椅的布置

座椅的布置对汽车的平顺性也有很大影响。实际感受和试验表明：座椅接近车身的中部，其振动最小。座椅位置常由它与汽车质心间的距离来确定，用座椅到汽车质心距离与汽车质心到前（后）轴的距离之比评价座椅的舒适性。该比值越小，车身振动对乘客的影响越小。对于载货汽车和公共汽车，座椅在高度上的布置也很重要。为了减小水平纵向振动的振幅，座椅在高度方面与汽车质心间的距离应该不大。弹簧座椅刚度的选择要适当，防止因乘客在座椅上的振动频率与车身的振动频率重合而发生共振。对于具有较硬悬架的汽车，可采用较软的坐垫。对于具有较软悬架的汽车，可采用较硬的坐垫。

5. 非悬架质量

减小非悬架质量可降低车身的振动频率，增高车轮的振动频率。这样就使低频共振与高频共振区域的振动减小，而将高频共振移向更高的行驶速度，对汽车的平顺性有利。减小非悬架质量，还将引起高频振动的相对阻尼系数增加，因而减振器所吸收的能量减少，工作条件可以获得改善。独立悬架相对于非独立悬架，质量小，行驶平顺性好。图 7-3 所示为独立悬架，图 7-4 所示为非独立悬架。

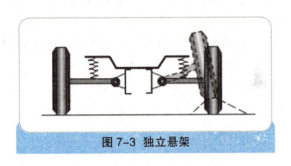

图 7-3 独立悬架

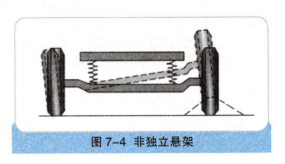

图 7-4 非独立悬架

6. 其他影响因素

乘坐舒适性在很大程度上还取决于座椅的结构、尺寸、布置方式和车身（或载货汽车的驾驶室）的密封性（防尘、防雨、防止废气进入车身）、通风保暖、照明、隔声等效能，以及是否设有其他提高乘客舒适的设备（空调、钟表、音响、烟灰盒、点烟器等）。

任务二 汽车的通过性

一、通过性的几何参数

由于汽车与地面间的间隙不足而被地面托住、无法通过的情况，称为间隙失效。车辆中间底部的零件碰到地面而被顶住的情况，称为顶起失效；车辆前端或尾部触及地面而不能通过的情况，则分别称为触头失效和托尾失效。显然，后两种情况属同一类失效。

与间隙失效有关的汽车整车几何尺寸，称为汽车通过性的几何参数。这些参数包括最小离地间隙、纵横向通过半径、接近角、离去角、最小转弯半径等，如图7-5所示。

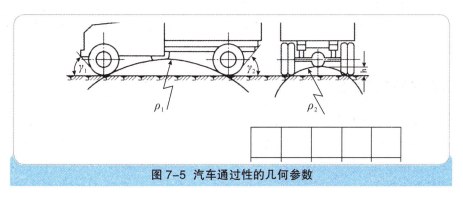

图7-5 汽车通过性的几何参数

γ_1—接近角；γ_2—离去角；ρ_1—纵向通过半径；ρ_2—横向通过半径；h—最小离地间隙

1. 最小离地间隙 h

最小离地间隙用符号 h 表示，是指汽车除车轮以外的最低点与路面之间的距离，如图7-5所示。它表征了汽车能无碰撞地越过石块、树桩等障碍物的能力。汽车的飞轮、前桥、变速器壳、消声器、驱动桥的外壳、车身地板等处一般有较小的离地间隙。

2. 纵向通过半径 ρ_1

在汽车侧视图上做出的与前、后车轮及两轴中间轮廓线相切之圆的半径，称为纵向通过半径，用符号 ρ_1 示。它表示汽车能够无碰撞地通过小丘、拱桥等纵向凸起障碍物的轮廓尺寸。ρ_1 越小，汽车的通过性越好。

3. 横向通过半径 ρ_2

在汽车的正视图上所做的与左、右车轮及与两轮之间轮廓线相切的圆的半径，称为横向通过半径，用符号 ρ_2 示。它表示汽车通过小丘及凸起路面等横向凸起障碍物的能力、ρ_2 越小，通过性越好。

最小离地间隙不足，以及纵向通过半径和横向通过半径过大，都容易引起顶起失效。

4. 接近角 γ_1 及离去角 γ_2

从汽车前端突出点向前轮引切线，该切线与路面的夹角 γ_1 称为接近角。γ_1 越大，通过障碍物（如小丘、沟洼地等）时，越不易发生触头失效。

从汽车后端突出点向后轮引切线，该切线与路面的夹角 γ_2 称为离去角。γ_2 越大，通过障碍物时，越不容易发生托尾失效。

5. 最小转弯半径 R_H 和内轮差 d

转向盘转到极限位置，做转弯行驶，前外轮印迹中心至转向中心的距离（左、右转弯，取较大者），称为汽车的最小转弯半径，如图 7-6 所示，用符号 R_H 表示。内轮差是指前内轮轨迹与后内轮轨迹半径之差，用 d 表示。这两个参数表示车辆在最小面积内的回转能力和通过狭窄弯曲地带或绕过障碍物的能力。

机动车安全检测条件国家标准规定，机动车辆最小转弯半径以前外轮轨迹中心线为基线测量，其值不得大于 24 m。当转弯直径为 24 m 时，转向轴和末轴的内轮差以两轮轨迹中心线计，不大于 3.5 m。

6. 车轮半径 r

汽车在不平路面上行驶时，经常要越过垂直障碍物。汽车克服垂直障碍物（台阶、壕沟等）的能力与车轮半径和驱动形式有关，也与路面附着条件有关。其越过台阶的能力如图 7-7 所示。图中纵坐标为台阶高度 h_W 与车轮直径 D 之比，横坐标为路面附着系数。由图 7-1 可以看出，全轴驱动汽车比单轴驱动汽车越过台阶能力强；路面附着条件越好，汽车能越过的台阶更高。

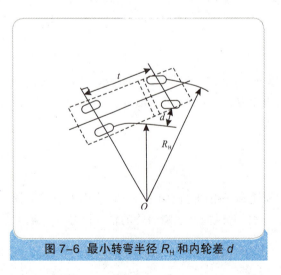

图 7-6 最小转弯半径 R_H 和内轮差 d

图 7-7 汽车越障碍能力与附着系数的关系

汽车越过壕沟的宽度 l_{dj} 与其越过台阶的能力直接相关，两者只存在一个换算系数的关系。由图 7-7 查出汽车在某路面的 h_W/D 之值，则可由下式计算出在该路面条件下的 l_d/D 之值（l_d 为壕沟宽度，D 为车轮直径），即

$$\frac{l_d}{D} = 2\sqrt{\frac{h_W}{D} - \left(\frac{h_W}{D}\right)^2}$$

二、影响汽车通过性的主要因素

1. 使用因素

（1）轮胎气压

汽车在松软路面上行驶时，降低轮胎气压，可以使轮胎与路面的接触面积增加，从而降低轮胎对路面的单位压力，使路面变形减小，轮胎受到的道路阻力下降。而在硬路面上行驶时，适当提高轮胎压力，可以减小轮胎变形，使行驶阻力变小。所以，有的越野汽车装有中央充气系统，驾驶员在驾驶室内可根据路面情况调整轮胎气压。

（2）轮胎花纹

轮胎花纹对附着系数影响很大。越野汽车应选用具有宽而深花纹的轮胎，这是因为在松软地面上行驶时，轮胎花纹嵌入土壤，使附着能力提高；而汽车在潮湿路面上行驶时，只有花纹的凸起部分与路面接触，提高了单位压力，有利于挤出水分，提高附着系数。

（3）拱形轮胎

不少专用越野车使用了超低压的拱形轮胎。在相同轮辋直径的情况下，超低压拱形轮胎的断面宽度比普通轮胎要大2～2.5倍，轮胎气压很低（29.4～83.3 kPa）。若用这种轮胎代替并列轮胎，其接地面积可增加到3倍。拱形轮胎在沙漠、雪地、沼泽、田间行驶有良好的通过性，但在硬路面上行驶，会使行驶阻力增加，且易损坏轮胎。

（4）驾驶技术

驾驶技术对汽车通过性的影响很大。为提高通过性，应注意以下几点：

● 汽车通过松软地段时，应尽量使用低速挡，以使汽车具有较大的驱动力和较低的行驶速度；尽量避免换挡和加速，尽量保持直线行驶。

● 驱动轮是双胎的汽车，如因双胎间夹泥而滑转，可适当提高车速，以甩掉夹泥。

● 若传动系装有强制锁止式差速器，应在汽车进入车轮可能滑转地段之前挂上差速器。如果已经出现滑转再挂差速器，土壤表面已被破坏，附着系数下降，效果会显著下降。当汽车离开坏路地段，应及时脱开差速器，以免影响转向。

● 汽车通过滑溜路面，可以在驱动轮轮胎上套上防滑链条，提高车轮的附着能力。

2. 结构因素

（1）发动机的功率与转矩

汽车通过坏路或无路地带时，要克服较大的道路阻力，为此，要提高汽车的通过性，就必须提高单位汽车重力发动机转矩 M_e/G，或提高比功率 P_e/G，这是提高汽车动力性的基础。

（2）传动系传动比

要提高动力性，就要增大传动系传动比，故越野车均设有副变速器或使用两挡分动器。越野汽车增加传动系总传动比的另一个作用是降低最低稳定车速，以减小稳定车轮对松软路面的冲击，从而减少由此引起的土壤剪切破坏的概率，提高汽车通过路况不好的道路或无路地段的能力。

（3）液力传动

装有液力变矩器或液力耦合器的汽车，起步时转矩增加平缓，避免了对路面的冲击，同时，不用换挡也能提高转矩，能提高汽车的通过性。

（4）差速器

普通锥齿轮式差速器，由于具有在驱动轮平均分配转矩的特性，当一侧车轮出现滑转时，另一侧车轮只能产生与滑转车轮相等的驱动力，使总驱动力不能克服行驶阻力，汽车不能前进。采用高摩擦差速器，可以使转得较慢的车轮得到较大的驱动力，从而增大总驱动力，有利于提高汽车的通过性。若采用差速器，两边车轮的驱动力可以按各自的附着力来分配，改善通过性的作用更明显。

（5）前、后轮距

当前、后轴采用相同的轮距，且轮胎宽度相等时，后轮可以沿前轮压实的轮辙行驶，从而使全车的行驶阻力减小，提高通过性。所以现代越野汽车普遍采用单胎，各轴轮距相等。

（6）驱动轮的数目

增加驱动轮的数目，可以提高相对附着重量，获得较大的驱动力，越野汽车均采用全轮驱动。

（7）涉水能力

为了提高汽车的涉水能力，应注意发动机的分电器、火花塞、蓄电池、曲轴箱通风、机油尺等处的防水密封，并保证空气滤清器不进水。

一、填空题

1. 汽车的平顺性是指_____汽车在行驶过程中_____所处的_____和_____在一定舒适度范围内的性能。

2. 减小_____，降低_____，可以减小由于_____而引起乘员承受的加速度值，这是改善平顺性的基本措施。

3. 汽车的通过性是指汽车在一定_____下能以足够高的_____，通过各种_____和_____的能力。

4. 与_____有关的汽车整车几何尺寸，称为汽车通过性的_____。这些参数包括_____、_____、_____、_____和_____。

二、选择题

1. 下列与汽车顶起失效有关的几何参数有（　　）。
   A．最小离地间隙　　　　　　B．纵向通过角
   C．接近角和离去角　　　　　D．最小转弯直径

2. 轮胎对汽车平顺性的影响主要取决于轮胎的径向刚度，适当（　　）轮胎径向刚度，可以改善汽车平顺性。
   A．减小　　　　　　　　　　B．增加
   C．改变　　　　　　　　　　D．以上都不是

3. 下列影响汽车通过性的因素中，属于使用因素的是（　　）。
   A．发动机的动力性　　　　　B．驱动轮数目
   C．轮胎气压　　　　　　　　D．驾驶方法

三、问答题

1. 从哪些方面可以改善汽车的平顺性？

2. 评价汽车通过性的几何参数有哪些？

3. 影响汽车通过性的因素有哪些？

课题八 汽车前照灯检测

学习任务

1. 了解前照灯的配光特性和检测要求；
2. 掌握前照灯检测仪的检测原理；
3. 熟悉前照灯检测仪的构造和工作原理；
4. 会使用前照灯检测仪对前照灯进行检测。

任务一　汽车前照灯的特性与检测要求

一、前照灯的特性

前照灯的特性包括配光特性、全光束和照射方向3个部分。

1. 配光特性

配光特性（光束分布）是指受照物体上各部位的照度大小。当汽车前照灯垂直照射到前方的平滑表面后，被照射面上的照度是不均等的，中心区域较高，边缘区域较低。如果把各个照度相同的点用曲线连接起来，即可得到如图8-1所示的等照度曲线。好的配光特性要求等照度曲线的分布在垂直方向窄，在水平方向宽，且左右对称，不偏向任何一边，上下扩展也不太宽，这称为对称式配光特性。

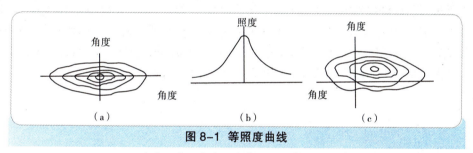

图8-1　等照度曲线

（a）配光；（b）全光束；（c）照射方向

还有一种非对称式配光，即光形中有一条明显的明暗截止线（灯光投射到配光屏幕上，眼睛感觉到的明暗陡变的分界线）。非对称式配光有两种：一种是在配光屏幕上，明暗截止线的水平部分在$V—V$线的左半边，右半边为向上呈15°的斜线，如图8-2（a）所示；另一种是明暗截止线的右半边为向上呈45°的斜线，左半边为垂直于$V—V$线且距$h—h$线25cm的水平线，由于明暗截止线呈Z形，亦称Z形配光，如图8-2（b）所示。目前，我国前照灯的近光灯已采用这种Z形配光形式。

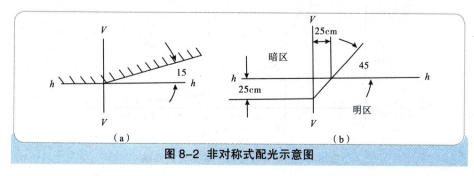

图8-2　非对称式配光示意图

$V—V$为汽车纵向中心平面在屏幕上的投影线；$h—h$是汽车前照灯基准中心高度水平线

2. 全光束

全光束（发光强度）是指前照灯照射物体后，物体得到的总照度。它可以用明亮度分布纵断面的配光特性曲线来表示，如图8-1（b）所示。该断面的积分值即该曲线的旋转体积。

全光束可以认为是光源所发出的光的总量。因为受照物体得到的照度或全光束与发光强度有关，因此，全光束的特性常用光源发光强度来表述。

3. 照射方向

如果把前照灯光线最亮的地方看做光轴的中心，则它对水平坐标轴和垂直坐标轴交点的偏离就表示它的照射方向，如图8-1（c）所示。光轴的中心与水平、垂直坐标轴交点的距离，就是光束照射的偏移量。

由于汽车前照灯不是一个理想的点光源，除透过前照灯散光玻璃各点的光线不均匀之外，还有和主光轴相交的光线，因此前照灯的实际照射方向与上述点光源的照射方向有一定的差异。但是主光轴上的光线大部分都是穿过散光玻璃中心直射的，因此，在离开散光玻璃足够远的地方，可以近似地看做由点光源发出的散射光线，根据倒数二次方法则，随着偏离光源距离的增加，照度是递减的。

图8-3所示为前照灯主光轴照度随距离变化的曲线。可以看出，距离超过5m时，实测值和理论计算值基本一致；距离为3m时，约产生15%的误差。可见距离越远，得到的测量值越准确。但由于受场地限制，在用前照灯检测仪测量时，通常在距前照灯前方3m、1m、0.5m、0.3m处进行测量，并将该测量值当作前照灯前方10m处的照度，按发光强度进行指示。

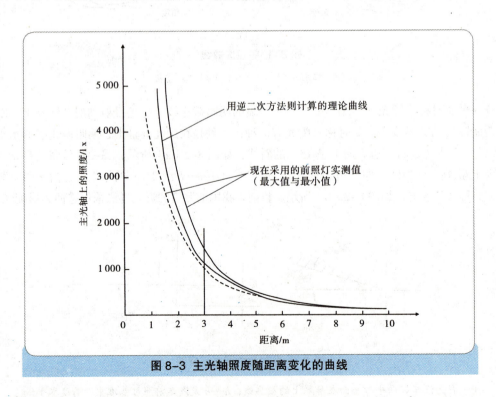

图8-3 主光轴照度随距离变化的曲线

二、前照灯的检测要求

1. 远光光束发光强度要求

机动车每只前照灯的远光光束发光强度应达到表8-1的要求。并且，同时打开所有前照灯（远光）时，总的远光光束发光强度应符合《汽车及挂车外部照明和光信号装置的安装规定》的规定，总的最大远光发光强度应不超过225 000cd。测试时，电源系统应处于充电状态。

表8-1 前照灯远光光束发光强度最小值要求

机动车类型		新注册车 一灯制/cd	二灯制/cd	四灯制/cd[a]	在用车 一灯制/cd	二灯制/cd	四灯制/cd[a]
三轮汽车		8 000	6 000	—	6 000	5 000	—
最大设计车速小于70km/h的汽车		—	10 000	8 000	—	8 000	6 000
其他汽车		—	18 000	15 000	—	15 000	12 000
普通摩托车		10 000	8 000	—	8 000	6 000	—
轻便摩托车		4 000	3 000	—	3 000	2500	—
拖拉机运输机组	标定功率大于18kW	—	8 000	—	—	6 000	—
	标定功率不大于18kW	6 000[b]	6 000	—	5 000[b]	5 000	—

注：a：四灯制是指前照灯具有四个远光光束；采用四灯制的机动车其中两只对称的灯达到两灯制的要求视为合格。

b：允许手扶拖拉机运输机组只装用一只前照灯。

2. 光束照射位置要求

检验前照灯近光光束的照射位置时，应使前照灯照射在距离10m的屏幕上，乘用车前照灯近光光束明暗截止线转角或中点的高度应为$0.7H \sim 0.9H$（H为前照灯基准中心高度），其他机动车(拖拉机运输机组除外)应为$0.6H \sim 0.8H$。机动车（装用一只前照灯的机动车除外）前照灯近光光束的水平方向位置向左偏移的距离应不大于170mm，向右偏移的距离应不大于350mm。

对于轮式拖拉机运输机组装用的前照灯近光光束的照射位置，按照上述方法检验时，要求屏幕上光束中心点的离地高度应不大于$0.7H$；对水平位置的要求是向右偏移的距离应不大于350mm，不得向左偏移。

检验前照灯的远光照射位置时，对于能单独调整远光光束的前照灯，当前照灯照射在距离10m的屏幕上时，对屏幕光束中心离地高度的要求如下：乘用车为$0.85H \sim 0.95H$（但不得低于前照灯近光光束明暗截止线转角或中点的高度）；其他机动车为$0.8H \sim 0.95H$。对机动车（装用一只前照灯的机动车除外）前照灯远光光束的水平位置要求如下：左灯向左偏移的距离应不大于170mm，向右偏移的距离应不大于350mm；右灯向左或向右偏移的距离均应不大于350mm。

任务二 汽车前照灯检测仪的原理与使用

前照灯检测仪是按一定测量距离放在被检车辆的对面,用来检测前照灯发光强度与光轴偏斜量的专用设备。光轴偏斜量表示光束照射位置。

一、前照灯检测仪的检测原理

前照灯检测仪的类型很多,但检测原理基本相同,一般均采用能把吸收的光能变成电流的硅光电池或硒光电池作为传感器,按照前照灯主光束照射光电池产生的电流的大小和比例来测量前照灯发光强度和光轴偏斜量。

1. 发光强度的检测原理

检测前照灯发光强度的电路由光度计、可变电阻和光电池等组成,如图 8-4 所示。按规定的距离使前照灯照射光电池,光电池便按受光强度的大小产生相应的光电流,使光度计指针摆动,指示出前照灯的发光强度。

2. 光轴偏斜量的检测原理

前照灯光轴偏斜量的检测电路如图 8-5 所示,由两对光电池组成,左右各一对光电池 S_L 和 S_R,上接有左右偏斜指示计,用于检测光束中心的左右偏斜量;上下一对光电池 S_U 和 S_D,上接有上下偏斜指示计,用于检测光束中心的上下偏斜量。当光电池受到前照灯光束照射时,如果光束照射方向偏斜,将使光电池 S_U 和 S_D、S_L 和 S_R 的受光面不一致,因而产生的电流大小也不一致。

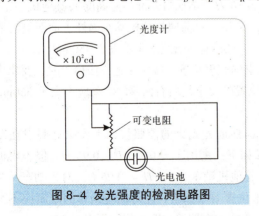

图 8-4 发光强度的检测电路图

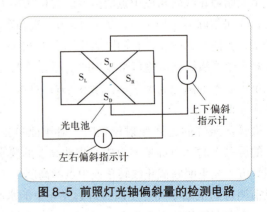

图 8-5 前照灯光轴偏斜量的检测电路

光电池 S_U 和 S_D、S_L 和 S_R 产生的电流差值分别使上下偏斜指示计及左右偏斜指示计的指针摆动,从而检测出光轴的偏斜方向和偏斜量。

图 8-6 所示为光轴无偏斜时的情况，这时上下偏斜指示计的指针和左右偏斜指示计的指针均垂直向下，即处于零位。图 8-7 所示为光轴有偏斜时的情况，这时上下偏斜指示计的指针向"下"方向偏斜，左右偏斜指示计的指针向"左"方向偏斜。

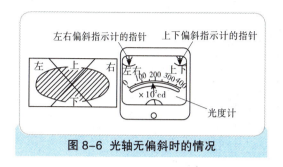

图 8-6 光轴无偏斜时的情况

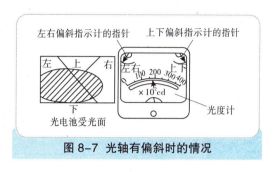

图 8-7 光轴有偏斜时的情况

若通过适当的调节机构调整光线照射光电池的位置，使 S_U 和 S_D、S_L 和 S_R 每对光电池受到的光照度相同，此时每对光电池输出的电流相等，两个偏斜指示计的指针均指向零位，其调节量反映了光束中心的偏斜量。当偏斜指示计的指针处于零位时，光电池受到的光照最强，4 块光电池所输出电流之和表明了前照灯的发光强度。

二、前照灯检测仪的结构和工作原理

按照其结构特征与测量方法，前照灯检测仪可分为聚光式、屏幕式、投影式、自动追踪光轴式等几种类型。这些不同类型的前照灯检测仪均由接收前照灯光束的受光器、使受光器与汽车前照灯对正的校准装置、前照灯发光强度指示装置、光轴偏斜方向和偏斜量指示装置以及支柱、底板、导轨、车辆摆正找准装置等组成。

1. 聚光式前照灯检测仪

聚光式前照灯检测仪的构造如图 8-8 所示。它是用受光器的聚光透镜把前照灯的散射光束聚合起来，根据其对光电池的照射强度，检测前照灯的发光强度和光轴偏斜量的仪器。检测时，检测仪放在前照灯前方 1m 处。

2. 屏幕式前照灯检测仪

屏幕式前照灯检测仪是把前照灯的光束照射到屏幕上，从而检测发光强度和光轴偏斜量的仪器。检测时，检测仪放在前照灯前方 3m 的检测距离处。

屏幕式前照灯检测仪的构造如图 8-9 所示。在固定屏幕上装有可以左右移动的活

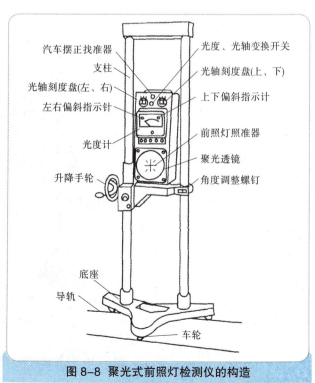

图 8-8 聚光式前照灯检测仪的构造

动屏幕，在活动屏幕上装有能上下移动的内部带光电池的受光器。检测时，移动受光器和活动屏幕，根据光度计指示值为最大时的位置找到主光轴的方向，然后由固定屏幕和活动屏幕上的光轴刻度尺即可读出光轴偏斜量，同时可从光度计的指示值得出发光强度。

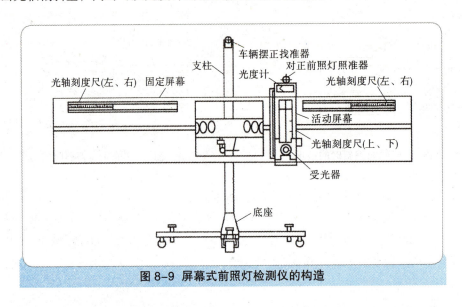

图 8-9 屏幕式前照灯检测仪的构造

3. 投影式前照灯检测仪

投影式前照灯检测仪是将前照灯光束的影像映射到投影屏上，从而检测出发光强度和光轴偏斜量的仪器。检测时，检测仪放在前照灯前方 3m 的检测距离处。投影式前照灯检测仪的构造如图 8-10 所示。

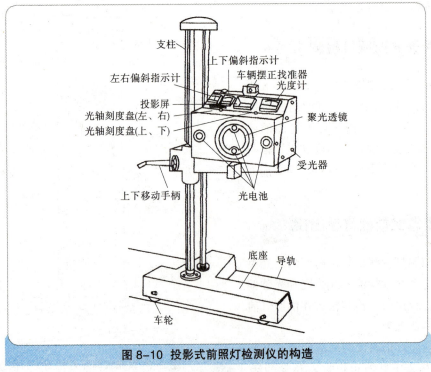

图 8-10 投影式前照灯检测仪的构造

在聚光透镜的上、下、左、右方向装有 4 个光电池。前照灯光束的影像通过聚光透镜、光度计的光电池和反射镜后，映射到投影屏上，如图 8-11 所示。在检测时，通过上下移动与左右移动受光器使光轴偏斜指示计的指示值为零，即上下光电池与左右光电池的受光量相等，从而找到被测前照灯主光轴的方向。然后根据投影屏上前照灯光束影像的位置，即可得出主光轴的偏斜量，同时可从光度计的指示值得出发光强度。

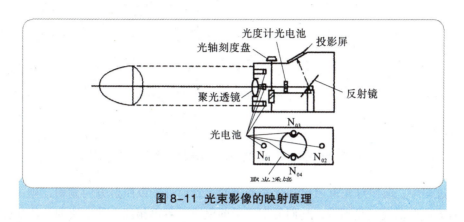

图 8-11 光束影像的映射原理

投影式前照灯检测仪不仅可以检测远光照射位置，还可以检测近光明暗截止线及其转角点的位置。当转角点位置调整到投影屏上零点位置后，通过配光布置图上规定点设置的光电管输出值便可测得近光配光性能，这是投影式检测仪的主要特点。

4. 自动追踪光轴式前照灯检测仪

自动追踪光轴式前照灯检测仪是用受光器自动追踪光轴的方法来检测发光强度和光轴偏斜量的仪器。检测时，检测仪放在前照灯前方 3 m 的检测距离处。自动追踪光轴式前照灯检测仪的构造如图 8-12 所示。

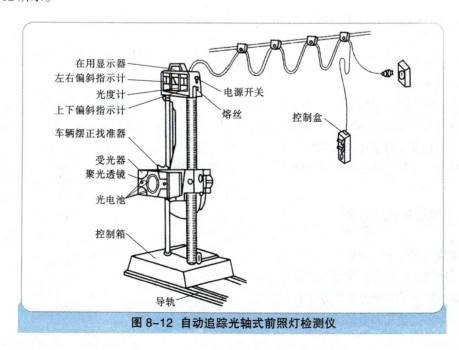

图 8-12 自动追踪光轴式前照灯检测仪

如图 8-13 所示，在受光器的面板上聚光透镜上下与左右装有 4 个光电池，受光器的内部也装有 4 个光电池，分别构成主、副受光器。另外，还有由两组光电池电流差所控制的能使受光器沿上下方向和水平方向移动的驱动和传动装置。

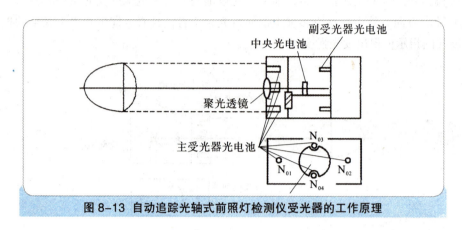

图 8-13 自动追踪光轴式前照灯检测仪受光器的工作原理

在检测过程中，前照灯光束照射到受光器上时，若前灯光束照射方向偏斜，则主、副受光器上下或左右光电池的受光量不等，它们分别产生的电流也不再相同，其电流的差值使控制受光器上下移动的电动机或使控制箱左右移动的电动机运转，并通过钢丝绳牵动受光器上下移动或驱动控制箱在轨道上左右移动，直至受光器上下、左右光电池受光量相等为止。这就是所谓的自动追踪光轴，追踪时受光器的位移由光轴偏斜指示计指示，发光强度由光度计指示。

三、前照灯发光强度和光轴偏斜量的检测方法

1. 检测前的准备

（1）前照灯检测仪的准备

- 在不受光的情况下，检查光度计和光轴偏斜指示计是否对准机械零点。若指针失准，可用零点调整螺钉调整。
- 检查聚光透镜和反射镜的镜面上有无污物。若有，可用柔软的布料或镜头纸擦拭干净。
- 检查水准器的技术状况。若水准器无气泡，应进行修理或更换。若气泡不在红线框内，可用水准器调节器或垫片进行调整。
- 检查导轨是否粘有泥土等杂物。若有，应扫除干净。

（2）被检车辆的准备

- 清洁前照灯上的污垢。
- 轮胎气压应符合汽车制造厂的规定。
- 前照灯开关和变光器应处于良好状态。
- 汽车蓄电池和充电系统应处于良好状态。

2. 检测步骤

由于前照灯检测仪的牌号、形式不同，其检测发光强度和光轴偏斜量的具体方法也不尽相同。

1）将被检汽车尽可能地与前照灯检测仪的轨道保持垂直方向驶近检测仪，直至前照灯与检测仪受光器之间达到规定的检测距离（3 m、1 m、0.5 m、0.3 m）。

2）用车辆摆正找准器使检测仪与被检汽车对正。

3）打开前照灯（远光），用前照灯照准器使检测仪与被检车前照灯对正。

4）提高发动机转速，使电源系统处于充电状态。

5）检测发光强度和光轴偏斜量。

6）检测完一只前照灯后用同样的方法检测另一只前照灯。

7）检测结束，前照灯检测仪沿轨道或沿地面退回护栏内，汽车驶出。

3. 检测方法

（1）聚光式前照灯检测仪的检测方法

将"光度·光轴"转换开关旋至"光轴"一边，然后转动上下光轴刻度盘和左右光轴刻度盘，使上下偏斜指示计和左右偏斜指示计指示为零。此时，上下光轴刻度盘和左右光轴刻度盘的指示值即光轴偏斜量，如图8-14所示。

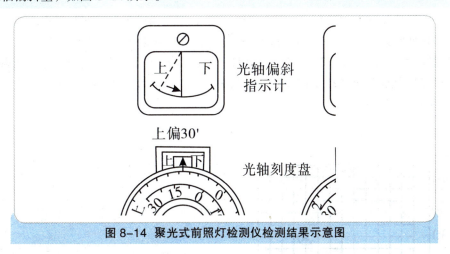

图8-14 聚光式前照灯检测仪检测结果示意图

保持光轴刻度盘位置不动，将"光度·光轴"转换开关旋至"光度"一侧，此时光度计的指示值即发光强度值。

（2）屏幕式前照灯检测仪的检测方法

使固定屏幕上左右光轴刻度尺的零点与活动屏幕上的基准指针对正，并使受光器指针与活动屏幕上的零点对正，如图8-15所示。

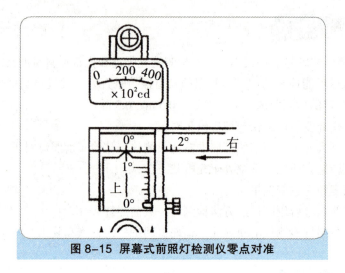

图 8-15 屏幕式前照灯检测仪零点对准

左右、上下移动受光器，使光度计的指示值达到最大值。此时，根据受光器指针所指活动屏幕上的上下刻度值和活动屏幕基准指针所指固定屏幕上的左右刻度值，即可得出光轴偏斜量；根据光度计上的指示值即可得出发光强度值。

（3）投影式前照灯检测仪的检测方法

该法要求先使光轴偏斜指示计的指示为零，然后根据投影屏上前照灯光束影像中心所在的刻度值读取光轴偏斜量，再根据光度计的指示值读取发光强度值，如图 8-16 所示。

光轴刻度盘检测法，要求转动光轴刻度盘，使投影屏上的坐标原点与前照灯光束影像中心重合，此时光轴刻度盘上的指示值即光轴偏斜量，再根据光度计上的指示值读取发光强度值，如图 8-17 所示。

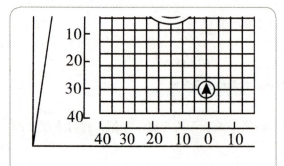

图 8-16 投影屏刻度检测法

图 8-17 光轴刻度盘检测法检测结果示意图

（4）自动追踪光轴式前照灯检测仪的检测方法

按下控制器上的测量开关，受光器随即追踪前照灯光轴，根据光轴偏斜指示计和光度计的指示值，即可得出光轴偏斜量和发光强度值。

4．检测结果分析

前照灯检验不合格有3种情况：一是前照灯发光强度偏低，二是左右前照灯发光强度不一致，三是前照灯光束照射位置偏斜。

（1）前照灯发光强度偏低（左右前照灯发光强度均偏低）

- 检查前照灯反光镜的光泽是否明亮，如昏暗、镀层剥落或发黑应予以更换了。
- 检查灯泡是否老化，质量是否符合要求，如老化或质量不符合要求，光度偏低者应更换。
- 检查蓄电池端电压是否偏低，如端电压偏低，应先充足电再检测。送修汽车普遍存在蓄电池电量不足、端电压偏低的现象。如由蓄电池供电，前照灯发光强度一般很难达到标准的规定；如由发电机供电，则大部分汽车前照灯发光强度增加，多数可达到标准规定。

（2）左右前照灯发光强度不一致

检查发光强度偏低的前照灯的反射镜的光泽是否灰暗，灯泡是否老化，质量是否符合要求，一般多为搭铁线路接触不良。

（3）前照灯光束照射位置偏斜

因前照灯安装位置不当或因强烈振动而造成的错位，致使光束照射位置偏斜超标的，应予以调整。前照灯光束照射位置偏斜的调整可在前照灯检测仪上进行。

根据检测标准，在检测调整光束照射位置时，对于远、近双光束灯，以检测调整近光光束为主。如果灯泡的制造质量合格，近光调整合格后，远光光束一般也能合格。若近光光束调整合格后，经复核远光光束照射方向不合格，则应更换灯泡。

四、前照灯检测仪使用注意事项

不同形式的检测仪有不同的使用方法，所以在使用前，用户应先仔细阅读产品的说明书及相关资料，掌握正确的使用方法。一般应注意以下几个问题：

1）按产品说明书的要求（如场地的要求、检测距离的要求、平行度和垂直的要求、高度的要求等）正确地安装设备。例如，前述的全自动前照灯检测仪，因为底座被安置在导轨上做左右移动，所以必须保证导轨的平直度、前后导轨的水平度、前导轨与行车方向的垂直度等，并要正确地浇筑地基基础。在导轨上安装仪器时，要保证移动灵活，无阻碍。光接收箱尾部的水准器中的气泡应指示在水平位置，并保证有 3 m 的检测距离。

2）正确地连接电源和各种线缆。由于前照灯检测仪在检测时要在前照灯之前移动，因此线缆应有足够的长度和适当的防护措施。在使用计算机接口时，要注意正确地使用仪器提供的接口信号，并正确地进行连接。

3）在仪器使用前应检查各指示计的零位是否漂移，受光器的受光面是否蒙尘或受到污染，自动追踪光轴式检测仪应对仪器的跟踪性能做周期性的校准。

4）要注意避开外来光线的影响。对于四灯制的车辆，在检测时必须将同侧的两只前照灯遮蔽住一只再进行测量，然后以同样的方式再测另一只。

5）按产品说明书的要求，制定相应的操作规定，正确操作仪器。在采用计算机控制时，其控制软件必须正确实现这些操作规定，同时还应考虑其实时性、功能可扩展性，以及故障处理等方面的需求。

思考与练习

一、填空题

1. 前照灯的特性可分为 _____、_____ 和 _____ 3个部分。
2. 乘用车前照灯近光光速明暗截止线转角或中点高度应为 _____，其他机动车应为 _____。
3. 前照灯检测仪是按一定 _____ 放在被检车辆的 _____，用来检测前照灯 _____ 与 _____ 的专用设备。
4. 按照其结构特征与测量方法，前照灯检测仪可分为 _____、_____、_____、_____ 等类型。

二、选择题

1. 自动追踪光轴式前照灯检测仪检测时，被检测前照灯至仪器接收的距离为（   ）。
   A. 1m   B. 2m   C. 3m   D. 4m
2. 用前照灯检测仪进行检测时，主要检测前照灯的（   ）。
   A. 发光颜色   B. 照射距离和范围
   C. 发光强度和光轴偏斜量   D. 功率大小
3. 在进行汽车前照灯的检测时，发动机的状态为（   ）。
   A. 电源系统处于放电状态   B. 电源系统处于充电状态
   C. 电源系统处于无电状态   D. 发动机处于熄火状态
4. 前照灯检测仪光轴偏斜量的检测原理是在光轴检测电路中有（   ）。
   A. 4块光电池   B. 4个受光器
   C. 4个执行器   D. 4个发光元件

三、问答题

1. 前照灯检测仪有哪几种类型？简述其工作原理。

2. 简述前照灯发光强度和光轴偏斜量的检测原理。

3. 前照灯检测仪的使用注意事项有哪些？

课题九
汽车排放物危害及检测

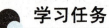 学习任务

1. 了解汽车排放污染物的主要成分和危害；
2. 熟悉排气检测设备的结构和工作原理；
3. 能够用排气检测设备检测汽车排气污染物；
4. 能够用声级计对汽车进行噪声检测。

任务一　汽车排放污染物的概述

机动车体积小，流动性大，很多车辆行驶在城市的大街小巷，污染物集中排放在人群之中，污染着千家万户。特别在上下班的高峰时间，人潮涌动，人车并行，遇上红灯信号，一排排汽车被堵在路口，绿灯一亮，汽车喷吐着尾气缓缓前行，众多行人在刺鼻的汽车尾气中前进。与固定污染相比，汽车尾气的排放高度与人群呼吸带大致相同，排出的污染物长时间在街道、楼群中滞留。所以说机动车排气污染对人体健康的危害最为直接。

一、汽车排放污染物的主要成分与危害

1. 一氧化碳（CO）

汽车排放污染物中的 CO 是烃燃料燃烧的中间产物，是由于燃烧时氧气相对不足而产生的，其生成量主要取决于混合气的成分。理论上在氧气充足的情况下（即混合气空燃比不小于 14.7），燃料燃烧将不产生 CO，但实际上由于可燃混合气的不均匀分布，总会出现局部缺氧的情况，使得废气中有一定量的 CO，当空气量不足（即混合气空燃比小于 14.7）时，必然会有部分燃料不能完全燃烧而生成 CO。

CO 是一种无色无味的气体，被吸入人体时，很容易和血红蛋白结合，并输送到体内，从而阻碍氧的运输，造成人体一氧化碳中毒，严重时可能引起窒息，甚至死亡。

2. 碳氢化合物（HC）

汽车排放污染物中的 HC 是不完全燃烧的产物之一，同时也来自于汽油的蒸发、曲轴箱窜气。不完全燃烧的原因主要是可燃混合气过浓、发动机温度低、电火花弱、点火不正时等。

一般情况下，HC 不会对人们的身体健康造成危害，但当 HC 的浓度达到相当高的水平时，会对人体产生明显影响。此外，HC 也是产生光化学烟雾的重要成分。

3. 氮氧化合物（NO_x）

汽车排放污染物中的 NO_x 是高温燃烧的产物，氮气在高温（约 1 400℃以上）和氧结合生成氮氧化合物。其生成量取决于 3 个因素：氧的浓度、温度及反应时间。发动机燃烧温度越高，生成的氮氧化合物就越多。氮氧化合物中有 97%～98% 是 NO，如果空气中有高浓度的 NO，会引起神经中枢的障碍，并且很容易被氧化成剧毒的 NO_2，NO_2 有特殊的刺激性臭味，严重时会引起肺气肿。另外，HC 与 NO_2 混合物在紫外线作用下进行光化学反应，形成主要成分为 O_3（臭氧）的黄色烟雾，该现象称为"光化学烟雾"。在大气中产生的臭氧等过氧化物，对人的眼、鼻和咽喉黏膜有较强

的刺激作用，引起结膜炎、鼻炎、支气管炎等症状，并伴随难闻的臭味，严重时可致癌。

4. 硫氧化物（SO_2）

汽车排放污染物中还有硫氧化物，其主要成分为 SO_2。如果汽车使用了催化净化装置，会大大减少尾气中 SO_2 的含量。这时少量的 SO_2 会逐渐在催化剂表面堆积，造成催化剂中毒，危害催化剂的使用寿命。SO_2 也会对人类的健康造成危害。另外，SO_2 还是造成酸雨的主要物质。

5. 二氧化碳（CO_2）

世界工业化进程引起的能源大量消耗导致大气 CO_2 的剧增。其中，约30%来自于汽车排放。CO_2 为无色无毒气体，对人体无直接危害，但随着大气中的 CO_2 大幅度增加，因其对红外热辐射的吸收而形成的温室效应，会使全球气温上升、南北极冰层融化、海平面上升、沙漠趋势加剧，使地球的生态环境遭到破坏。近年来对 CO_2 的控制也已上升为汽车排放研究的重要课题。

6. 浮游微粒（PM）

汽油机排放的主要微粒为铅化物、硫酸盐、低分子物质。柴油机中的主要微粒为石墨形的含碳物质（碳烟）和高分子量有机物（润滑油的氧化和裂解产物）。柴油机的微粒量比汽油机多30~60倍，成分比较复杂。碳烟中除含有直径为 0.1~10μm 的多孔性碳粒外，往往黏附有 SO_2 及致癌物质，如果被人体吸入肺部沉淀下来，会严重危害人体健康。

二、汽车排放污染物的影响因素

通过上述分析可知，汽车排放污染物主要是指可燃混合气没有充分燃烧形成的碳氢化合物、氮氧化合物、一氧化碳、碳烟等。汽车排放污染物生成量除受可燃混合气浓度影响外，还受点火时间、配气相位、压缩比、燃烧室结构、燃油性质、汽车的技术状况等影响。

1. 可燃混合气浓度

可燃混合气浓度对 CO、HC、NO_x 的影响如图 9-1 所示。在实际空燃比小于理论空燃比（约 14.7）的范围内，随着空燃比的降低，混合气变浓，CO、HC 的生成量增多，NO_x 的生成量减少。空燃比约为 16 时，CO、HC 的生成量最少，而 NO_x 的生成量最大。随着空燃比进一步升高，会因为混合气的局部缺氧，仍有少量的 CO 生成；但由于混合气过稀（空燃比大于 18），发动机工作不稳定，燃烧速度变慢，燃烧温度降低，使 HC 的生成量增加，NO_x 的生成量则迅速下降。

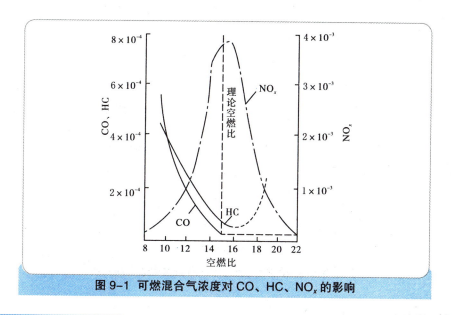

图 9-1 可燃混合气浓度对 CO、HC、NO_x 的影响

2. 点火时间

汽油机的点火时间与可燃混合气浓度对 NO_x 排放量的影响如图 9-2 所示。点火提前角增大时，燃烧室内的最高压力和温度提高，NO_x 的排放浓度增大。点火提前角对 CO 的影响较小，而对 HC 的影响较大，如图 9-3 所示。

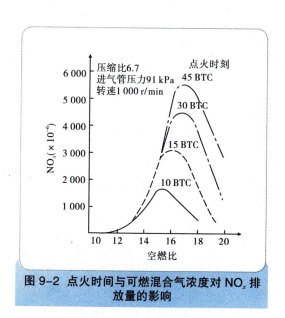

图 9-2 点火时间与可燃混合气浓度对 NO_x 排放量的影响

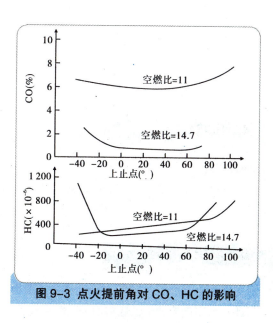

图 9-3 点火提前角对 CO、HC 的影响

柴油机喷油提前角与排放污染物生成量的关系如图 9-4 所示。随着喷油提前角的增加，气缸内最高温度升高，NO_x 的生成量增加，HC 减少，CO 基本不变。

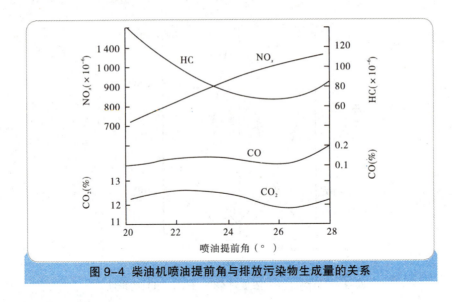

图 9-4 柴油机喷油提前角与排放污染物生成量的关系

3. 配气相位

气缸内残余废气的多少对 NO_x 的生成量有很大影响。残余废气增多，稀释了可燃混合气，降低了燃烧室中的最高温度，使得 NO_x 的生成量减少。气缸中的残余废气受配气相位的影响。

排气门早关，会因废气排放不完全，而使 NO_x 的生成量减少，该措施对于高转速时有效。进气门早开，会使可燃混合气被废气稀释，而使 NO_x 的生成量减少，该措施对于部分负荷或低转速时有效。较长的气门重叠（即早开进气门，早关排气门），特别在低转速和部分负荷的情况下，因可燃混合气被废气强烈稀释而减少 NO_x 的生成量。

气门重叠（即早开进气门，早关排气门）位置提前，在高速时对 NO_x 的减少有利；气门重叠位置延迟，则在低速时对 NO_x 的减少有利。

4. 压缩比

压缩比对排放污染物生成量的影响如图 9-5 所示。提高发动机的压缩比可使发动机热效率提高，但燃烧室的最高温度也会相应提高，从而使 NO_x 的生成量增加。因此，发动机的压缩比不能过高。

5. 燃烧室结构

燃烧室壁面温度相对较低，接近燃烧室壁面的可燃混合气不能充分燃烧，使得 HC 的生成量增加。因此，采用面容比（燃烧室面积/燃烧室容积）小的燃烧室有利于减少 HC 的排放。

6. 燃油性质

燃油的蒸发性影响到 HC 的排放，燃油蒸发性越强，从油箱及管路中溢出燃油蒸气的可能性就越大，容易引起 HC 排放量增加。燃油中芳香烃成分的增加，会使 NO_x 的生成量增加。

7. 汽车的技术状况

随着汽车行驶里程的增加，其技术状况逐渐变差，在汽车的经济性、动力性及可靠性等下降的同时，汽车的排放污染物随之增大。CO、HC 的排放量与汽车行驶里程的关系如图 9-6 所示。

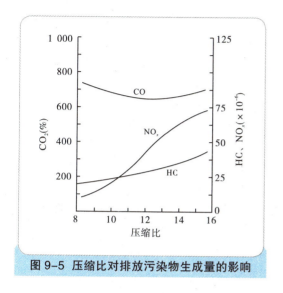

图 9-5 压缩比对排放污染物生成量的影响

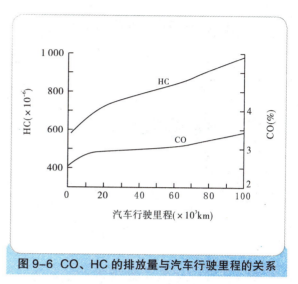

图 9-6 CO、HC 的排放量与汽车行驶里程的关系

三、汽车污染物的排放控制

控制汽车污染物排放的技术可以分为两类：降低污染物生成量的技术，又称为机内净化技术；净化或处理发动机排出污染物的技术，又称为机外净化技术。随着发动机技术的进步和发展，目前车辆排放控制的机内、机外净化技术都达到了比较完善的地步。现代汽油发动机排放控制较为成熟的技术主要有以下几个方面。

1. 发动机结构优化技术

发动机结构优化技术，如采用多气阀进气机构、组织进气气流、对燃烧室加以改进等。通过改善发动机燃烧状况，提高燃烧效率，降低发动机一氧化碳（CO）、碳氢化合物（HC）的生成量。

2. 闭环电控发动机管理技术

闭环电控发动机管理技术包括电控燃油喷射和电控点火。这是一种精确控制发动机供油过程和点火过程的技术，并能根据反馈控制使发动机始终工作在最佳状态。一方面可以有效降低发动机一氧化碳（CO）、碳氢化合物（HC）的生成量，另一方面为三效催化转化器创造条件（为保证三效催化转化器正常有效的工作，要求空燃比始终在理论值的范围内，以免造成环境污染）。

3. 燃油蒸发污染物控制技术

燃油蒸发污染物控制技术是一种对油箱和供油系统排出汽油蒸气污染物进行控制的技术，可控制汽油车 20% 左右的碳氢化合物（HC）排放。

4. 闭式曲轴箱通风技术

闭式曲轴箱通风技术是一种控制发动机曲轴箱窜气造成环境污染的技术。该技术在国内若干年前就已普遍使用，可控制汽油车 20% 左右的碳氢化合物（HC）排放。

5. 废气再循环技术

废气再循环技术是一种将发动机排气引入到进气中，通过降低发动机气缸内氧气的相对含量和最高燃烧温度来减少氮氧化物（NO_x）生成量的技术，可降低 40%~60% 的氮氧化物（NO_x）生成量。

采用废气再循环技术必须十分谨慎，因为废气再循环量过大会破坏发动机正常的燃烧状况，使车辆动力性和经济性等各项性能下降。

6. 三效催化转化器技术

三效催化转化器技术这是一种利用氧化和还原反应，将汽车排气中的一氧化碳（CO）、碳氢化合物（HC）、氮氧化物（NO_x）同时转化成无害的二氧化碳（CO_2）、氮气（N_2）、水（H_2O）的技术。在一定条件下，该技术对污染物的转化效率可达 80% 以上，是目前最为有效的汽油车机外净化技术。但是，为保证其工作效能，需要发动机具备闭环电控系统，并燃用无铅汽油。

7. 改进油料

燃油的质量、组分、添加剂对排放均有一定影响。因此，改进油料的质量和组分是进一步降低车辆污染物排放的有效方法。

任务二 汽车排气污染物的检测

一、排气污染检测仪器

1. 不分光红外线吸收型分析仪

汽油机排气管中的 CO、HC、NO、CO_2 等气体都分别具有吸收一定波长范围红外线的性质，如图 9-7 所示。而且，红外线被吸收的程度与排气浓度之间有一定的关系。不分光红外线吸收型分析仪就是利用这一原理，即根据检测红外线前后能量的变化来检测排气中各种污染物的含量。在各种气体混在一起的情况下，这种检测方法具有测量值不受影响的特点。

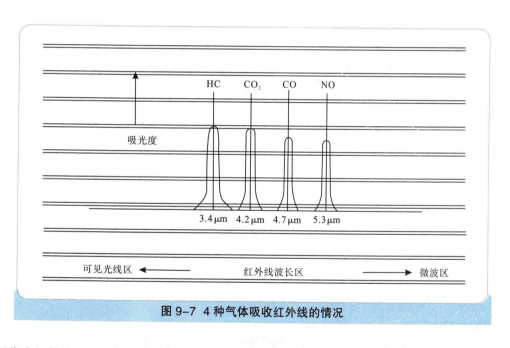

图 9-7 4 种气体吸收红外线的情况

不分光红外线 CO 和 HC 两气体分析仪是从汽车排气管中采集气样，并对其中的 CO 和 HC 含量连续进行测量。常用的有 MEXA-324F 型汽车尾气分析仪，如图 9-8 所示，其主要由尾气取样装置、尾气分析装置、浓度指示装置和校准装置等组成。

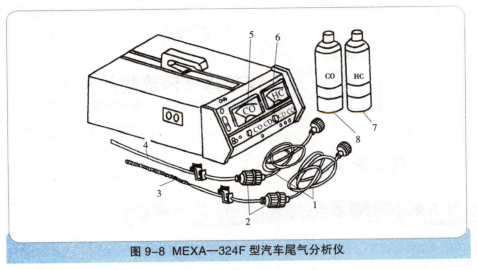

图 9-8 MEXA—324F 型汽车尾气分析仪

1—导管；2—滤清器；3—低含量取样探头；4—高含量取样探头；5—CO 指示仪表；6—HC 指示仪表；7—标准 HC 气样瓶；8—标准 CO 气样瓶

（1）尾气取样装置

如图 9-9 所示，尾气取样装置主要由探头、滤清器、导管、水分离器和气泵等组成。该装置通过探头、导管和泵从车辆排气管中采集尾气，再用滤清器和水分离器滤掉尾气中的粉尘和少量的水，只把尾气送入分析装置。

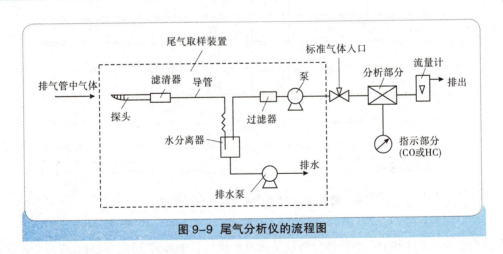

图 9-9 尾气分析仪的流程图

（2）尾气分析装置

这种分析仪的测量原理的前提是一种气体只能吸收一种波长的红外线，即大多数非对称分子对红外线波段中的特定波长具有吸收功能，并且其吸收程度还与被测气体的浓度有关。该尾气分析仪的尾气分析装置由红外线光源、测量气样室、标准气样室、遮光扇轮和检测室等组成。从取样装置输送来的多种气体共存于尾气中，通过非分散性红外线分析装置分析被测气体中 CO 和 HC 的浓度，再用电信号将其输送到浓度指示装置，并显示出来，工作原理如图 9-10 所示。

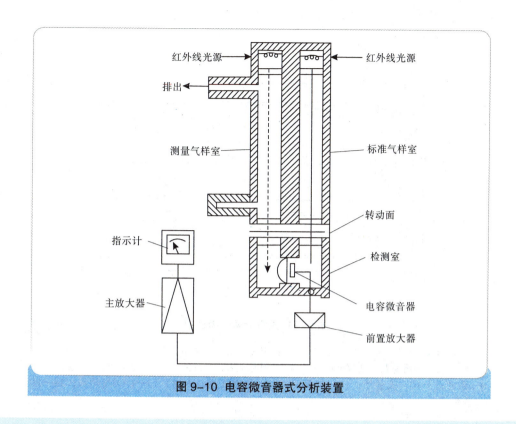

图 9-10 电容微音器式分析装置

它由两个同样的红外线光源发出同等量的红外线光束,一束穿过测量气样室,另一束穿过标准气样室。在标准气样室内充满不吸收红外线的氮气,使红外线能顺利通过;在测量气样室连续充入被测试的尾气,由于尾气中含有 CO 和 HC,当红外线光束穿过时,红外线光能受损,从而使两束红外线光分别穿过测量气样室和标准气样室后到达检测室时,两束光的能量形成差异。检测室内充以适当浓度的与被测气体相同的气体(测量 CO 的仪器内充 CO,测量碳氢化合物的仪器内充正己烷),并在检测室中部设有隔膜,将检测室分隔成两个独立的封闭腔。测量时,由于两个腔所接受的红外线光能不相等,因而两个腔内的气体膨胀程度也不一致,致使两腔之间的膜片弯曲。该膜片与电容器的一只金属片相连,由金属片的位移引起电容量变化,这一微弱信号经过放大器放大,即可在显示仪表上指示出来。也就是说,发动机尾气中 CO(或 HC)的含量越多,红外线光束在测量气样室内损失的光能就越多,从而导致检测室两个腔内气体膨胀差异越大,金属片电容器所产生的变化也随之加大,以此来测量尾气中 CO(或 HC)的含量。

(3)浓度指示装置

浓度指示装置室把尾气分析装置送来的电信号,在 CO 测量仪上用 CO 浓度容积的百分数显示出来;在 HC 量仪上用 HC 算成正己烷浓度容积以 10^{-6} 为单位,表示其浓度容积。图 9-11 用零点调整旋钮、标准调整旋钮、量程转换开关,使仪表指示零位及指示值量程得到调节。另外,由于指示计的一端设置有流量计,因而能够了解到尾气在流经仪器测试系统过程中的异常情况。

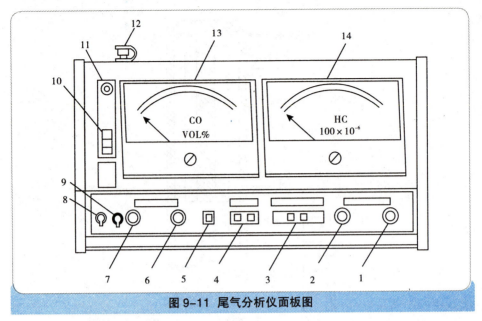

图 9-11 尾气分析仪面板图

1—HC 标准调整旋钮；2—HC 零点调整旋钮；3—HC 量程转换开关；4—CO 量程转换开关；5—简易校正开关；6—CO 标准调整旋钮；7—CO 零点调整旋钮；8—电源开关；9—泵开关；10—流量计；11—指示计；12—标准气样注入口；13—CO 指示表；14—HC 指示表

（4）校准装置

校准装置是为了维持分析仪指示精度，使其能正确地显示指示值的一种装置。校准装置分为加入标准气样进行校准的校准装置和直接对指示值进行机械校正的简易校准装置。

标准气样校准装置是把标准气样从分析仪的一个专用注入口中直接送到尾气分析装置，再通过比较标准气样浓度值和仪表指示值的方法进行校准的装置。

简易校准装置通常是用遮光板来改变通过分析仪测量气样室侧的红外线数量，从而进行简单校准的装置。

2. 化学发光法气体分析仪

鉴于目前实施的怠速工况测定 CO、HC 两种气体的排气检测手段已无法有效地反映汽车排气污染物对大气的污染现状，更不能满足环保部门对全球环境进行全面严格监测的要求。因此，除测定 CO、HC 外，还必须测定汽车排气中的 NO_x 和 CO_2。

汽车排气中的含氧量是装有电控燃油喷射式发动机的汽车计算机监测空燃比、控制排放量、保护三元催化反应器正常工况的重要信号。因此，现代开发的汽车尾气分析仪又增加了 O_2 的测试功能。

对于这五种气体成分的浓度通常采用两类不同方法来测定，其中 CO、CO_2、HC 通过不分光红外线不同波长能量吸收的原理来测定，可获得足够的测试精度。而 NO_x 与 O_2 的浓度通常采用电化学的原理来测定，排气中含氧量的浓度通过在测试通道中设置氧传感器即可测定。NO_x（NO、NO_2）浓度可采用化学发光法的原理进行精确测定。

利用化学发光法检测NO_x（NO、NO_2）浓度的基本原理如图9-12所示。通过适当的化学物质（如不锈钢或碳化物、钼化物）将排气中的NO_2全部还原成NO。NO与O_3在气态接触时发生化学反应生成某些激发态的NO_2^*分子。这些激发态的NO_2^*分子衰减到基本态NO_2时会发出波长为0.59～2.5μm光量的光量子。其发光强度与排气中存在的NO的质量流量成正比。使用适当波长的光电检测器（如光电二极管）即可根据检测计信号强弱换算出NO的含量，这种方法简称CLD法。

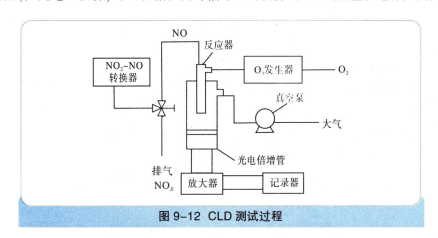

图9-12 CLD测试过程

化学发光法气体分析仪从原理上讲只能测量NO，而无法测量NO_2。但实际应用中可以先通过适当的转换将NO_2还原成NO，然后再进行NO的测量，即可用间接方法测出NO_2。因此，用同一仪器也可测得NO_2和NO。

因CLD法测定NO_x浓度的设备结构较复杂，市场上提供的在线快速检测用五废气分析仪没有被采用，而多根据与CO、CO_2、HC相同的不分光红外线原理来测定，但需说明的是，对于NO_x来说，这种方法测定的精度较低。

3. 不透光式烟度计

根据《车用压燃式发动机和压燃式发动机汽车排气烟度排放限值及测量方法》规定，应采用光吸收系数来度量可见污染物的大小，并且规定使用不透光度仪测量压燃式发动机和装用压燃式发动机车辆的可见污染物。

不透光式烟度计是一种利用透光衰减率来测定排气烟度的典型仪器。如图9-13所示，不透光式烟度计的主要元件有光源、充满排气并有一定长度的光通路及放置在光源对面将透光信号转变成电信号的光电元件。光电元件的输出电压与烟气所造成的光强度衰减成正比。

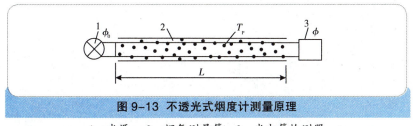

图9-13 不透光式烟度计测量原理

1—光源； 2—烟气测量管； 3—光电管检测器

通常，不透光法测得的不透光度(即烟度)N用百分比表示，即

$$N=100\left(1-\frac{\phi}{\phi_0}\right)$$

式中 ϕ——有烟时的光强度；
ϕ_0——无烟时的光强度。

光吸收系数K与不透光度N之间的关系为

$$K=\left(-\frac{1}{L}\right)\ln\left(1-\frac{N}{100}\right)$$

从上式中可以看出，K值与碳烟的质量浓度成正比。

不透光式烟度计可分为全流式和分流式两类，全流式不透光烟度计测量全部排气的透光衰减率，有在线式和排气管尾端式两种，如图9-14所示。美国PHS烟度计就是一种全流式不透光烟度计，其原理如图9-15所示。在排气管口端不远处的排气烟束两侧分别布置有光源和光电池，光电池接收到的光线与排气烟度成反比。为了不受排气热影响，光源和光电元件置于离排气通路有一定距离的地方。

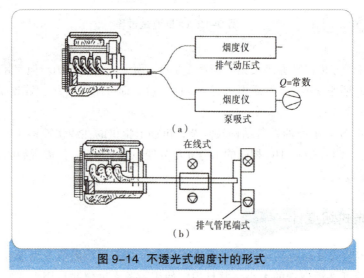

图9-14 不透光式烟度计的形式

（a）分流式；（b）全流式

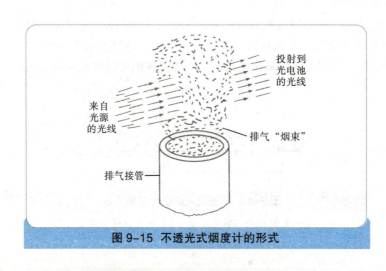

图9-15 不透光式烟度计的形式

分流式不透光烟度计是将排气中的一部分烟气引入测量烟气取样管,送入烟度计进行连续分析的。

此外,还有一种便携式的分流式烟度计,可直接插在排气管尾部或中部接口,安装及使用都较方便,适用于现场检测。由于烟是连续不断通过测试管的,所以不论稳态、非稳态和过渡状态,烟度的测定都很方便。但是由于光学系统的污染,这种烟度计测定中容易产生误差,因此必须注意清洗,而排气烟中所含的水滴和油滴也可能作为烟度显示出来。当抽样检验的排烟温度超过500℃时,必须采用其他热交换器来冷却排烟。

4. 滤纸式烟度计

滤纸式烟度计采用一个活塞式抽气泵,从柴油机排气管中抽取一定容积的排气,使它通过一张一定面积的白色滤纸,排气中的碳烟存留在滤纸上,使其染黑。用检测装置测定滤纸的染黑度,该染黑度即代表柴油车的排气烟度。

滤纸式烟度计(见图9-16)是世界上应用较广泛的烟度计之一,有手动、半自动和全自动3种类型。滤纸式烟度计由排气取样装置、染黑度检测与指示装置和控制装置等组成,一般还配备有微型打印机。

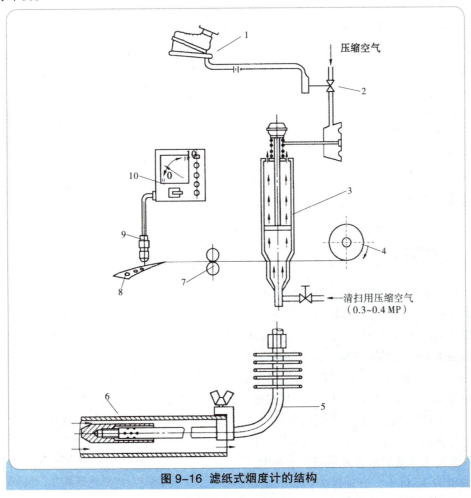

图9-16 滤纸式烟度计的结构

1—脚踏开关;2—电磁阀;3—抽气泵;4—滤纸卷;5—取样探头;6—排气管;7—滤纸进给机构;8—染黑的滤纸;9—光电传感器;10—指示仪表

(1) 排气取样装置

取样装置由取样探头、活塞式抽气泵、取样软管和清洗机构等组成。取样探头分为台架试验用和整车试验用两种形式。整车试验用取样探头带有散热片，其上装有夹具以便固定在排气管上。取样探头在活塞式抽气泵的作用下抽取排气，其结构形状应能保证在取样时不受排气动压的影响。

活塞式抽气泵由泵筒、活塞、活塞杆、手柄、回位弹簧、锁止装置、电磁阀和滤纸夹持机构等组成。活塞式抽气泵在使用前，需先压下抽气泵手柄，直至克服回位弹簧的张力使活塞到达泵筒最下端，并由锁止机构锁止，完成复位过程，以准备下一次抽取排气。当需要取样时，或在自由加速工况开始的同时通过捏压橡皮球向抽气泵锁止机构充气（手动式），或通过套在加速踏板上的脚踏开关，在自由加速工况开始的同时操纵电磁阀向抽气泵锁止机构充入压缩空气（半自动式和全自动式），使抽气泵锁止机构取消对活塞的锁止作用，于是活塞在回位弹簧的张力作用下迅速而又均匀地回到泵筒的最上端，完成取样过程。此时，若滤纸式烟度计为波许（BOSCH）式，则抽气泵活塞移动全程的抽气量为（330±15）mL，抽气时间为（1.4±0.2）s，且在1 min时间内外界空气的渗入量不大于15 mL。

活塞式抽气泵下端装有滤纸夹持机构。当活塞式抽气泵每次完成复位过程后，通过手动或自动实现对滤纸的夹紧和密封，使取样过程中的排气经滤纸进入泵筒内，碳烟存留在滤纸上并将其染黑，夹持机构应能保证滤纸的有效工作面直径为 ϕ32 mm。一旦完成抽气过程，滤纸夹持机构松开，染黑的滤纸位移至光电检测装置下的试样台上。

取样软管把取样探头和活塞式抽气泵连接在一起，由于泵的抽气量与软管的容积有关，所以 DB 11-045-2014《柴油车自由加速烟度排放限值及不过》规定，取样软管长度为 5.0 m，内径为 ϕ5~0.2 mm，取样系统局部内径不得小于 ϕ4mm。

压缩空气清洗机构能在排气取样之前，用压缩空气吹洗取样探头和取样软管内的残留排气碳粒。清洗用压缩空气的压力为 0.3～0.4 MPa。

(2) 检测与指示装置

检测与指示装置由光电传感器、指示电表或数字式显示器、滤纸和标准烟样等组成。光电传感器由光源（白炽灯泡）、光电元件（环形硒光电池）和电位器等组成，其工作原理如图9-17所示。电源接通后白炽灯泡发亮，其光亮通过带有中心孔的环形硒光电池照射到滤纸上。当滤纸的染黑度不同时，反射给环形硒光电池感光面的光线强度也不同，因而环形硒光电池产生的光电流强度也就不同。电路中一般配备有电阻 R_1 和 R_2，分别作为白炽灯泡电流的粗调电阻与细调电阻，以便获得适度的光强，使光源和硒光电池的灵敏度相匹配。

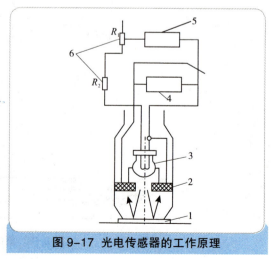

图 9-17 光电传感器的工作原理

1—滤纸；2—光电元件；3—光源；4—指示电表；5—电源；6—电阻

指示电表是一个微安表,是滤纸染黑度即排气烟度的指示装置。当环形硒光电池送来的电流强度不同时,指示电表指针的位置也不相同。指示表头以 0~10 Rb 单位表示。其中,0 是全白滤纸的 Rb 单位,10 是全黑滤纸的 Rb 单位,从 0~10 均匀分布(波许式)。国产 FQD-201 型半自动排气烟度计指示装置面板如图 9-18 所示。

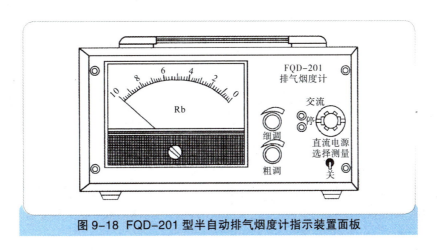

图 9-18 FQD-201 型半自动排气烟度计指示装置面板

由微机控制的排气烟度计,其指示装置一般采用数字式显示器。例如,国产 FQD-2018 型半自动数字式排气烟度计采用了 MCS-48 系列单片机作为仪器机芯,显示器由两位 LED 数码管组成,并配备有微型打印机。

检测装置还应备有供标定或校准用的标准烟样和符合规定的滤纸。标准烟样也称为烟度卡,应在烟度计上标定,精确度为 0.5%。当标准烟样用于标定烟度计时,按量程均匀分布不得少于 6 张;当用于校准烟度计时,每台烟度计 3 张,标定值选在 5Rb 左右。当烟度计指示表需要校准时,只要把标准烟样放在光电传感器下,用调节旋钮把指示表的指针调整到标准烟样所代表的染黑度数值即可达到目的。这可使指示表保持指示精度,以得出准确的测量结果。

烟度卡必须定期标定,在有效期内使用。

滤纸有带状和圆片状两种。带状滤纸在进给机构的作用下能实现连续传送,适用于半自动式和全自动式烟度计;圆片状滤纸仅适用于手动式烟度计。

(3)控制装置

半自动和全自动滤纸式烟度计的控制装置,包括用脚操纵的抽气泵脚踏开关和滤纸进给机构。控制用压缩空气的压力为 0.4~0.6 MPa。

各检测设备生产厂家生产的滤纸式烟度计结构有所不同,但其检测原理基本一致。

二、尾气排放检测

1. 汽油车尾气排放检测

（1）准备工作

1）仪器准备。按仪器使用说明书要求做好各项准备工作。接通电源，对不分光红外线气体分析仪（以下简称气体分析仪）预热 30 min 以上。

2）仪器校准。

● 用标准气样校准。先让气体分析仪吸入清洁空气，用零点调整旋钮把仪表指针调整到零点；然后把仪器附带的标准气样从标准气样注入口灌入，再用标准调整旋钮把仪表指针调到标准指示值。在灌注标准气样时，要关掉气体分析仪上的泵开关。

● 简易校准。接通简易校准开关，校准标准气样指示值。

3）把取样探头和取样导管安装到气体分析仪上，检查取样探头和导管内是否有残留 HC。如果管内壁吸附残留 HC 较多，用压缩空气吹洗或用布条等物清洁取样探头和导管内壁。

（2）测试步骤

①双怠速排放污染物测量程序

● 必要时在发动机上安装转速计、点火正时仪、冷却水和润滑油测温计等测量仪器。

● 发动机由怠速工况加速至 0.7 倍额定转速，维持 60 s 后降至高怠速状态。

● 发动机降至高怠速状态后，将气体分析仪取样探头插入排气管中，深度为 400mm，并固定于排气管上。

● 先把气体分析仪指示仪表的读数转换开关置于最高量程挡位，再一边观看指示仪表一边用读数转换开关选择适于排气含量的量程挡位。

● 发动机在高怠速状态维持 15s 后，检测人员应开始读数，读取 30s 内的污染物最高值和最低值，取平均值作为高怠速排放测量结果。

● 发动机从高怠速状态降至怠速状态，检测人员应在怠速状态维持 15s 后开始读数，读取 30 s 内的污染物最高值和最低值，取其平均值作为怠速排放测量结果。

● 若为多排气管，则取各排气管测量结果的算术平均值。

● 测量工作结束后，把取样探头从排气管里抽出来，让它吸入新鲜空气 5 min，待仪器指针回到零点后再关闭电源。

②加速模拟工况法测量程序

● 车辆驱动轮位于底盘测功机滚筒上，将分析仪取样探头插入排气管中，深度为 400 mm，并固定于排气管上，如图 9-19 所示。独立工作的多排气管应同时取样。

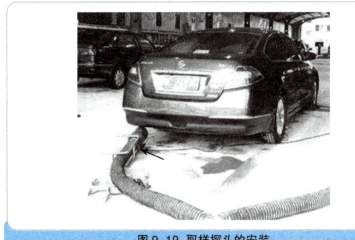

图 9-19 取样探头的安装

● ASM5025 工况。车辆经预热后,加速至 25km/h 以上。此时底盘测功机自动根据试验工况要求加载,车辆保持 (25±1.5) km/h 等速,同时开始计时、测量与计算。在 25～90s 的测量过程中,任意 10 s 内的 10 次排放平均值经修正后如满足限值的要求,则试验结束;否则应进行下一工况 (ASM2540) 试验。

● ASM2540 工况。车辆从 25 km/h 直接加速至 40 km/h 以上。此时底盘测功机根据试验工况要求加载,车辆保持 (40±1.5) km/h 等速,同时开始计时、测量与计算。在 25～90s 的测量过程中,任意 10 S 内的 10 次排放平均值经修正后如满足限值的要求,则试验结束;否则应进行复检试验。

● 复检试验。按照上述 ASM5025 工况和 ASM2540 工况的试验程序及试验结果判定方法连续进行 ASM5025 工况和 ASM2540 工况试验,工况时间延长至 145 s,总试验时间为 290 s。

如果两个工况测试结果经修正后均满足要求,则测试结果合格;否则测试结果不合格。

说明:以上检测程序是以人工计数为例的,在全自动检测线上,由于测量过程的自动控制,引车员只需按检验程序指示器提示,进行踩、松加速踏板及换挡等操作即可。

③ 瞬态工况和简易瞬态工况法测量程序

根据需要在发动机上安装转速表和润滑油测温计等测试仪器,将车辆驱动轮停在底盘测功机的转鼓上,按照试验运转循环开始进行试验。

● 起动发动机。

a. 按照制造厂使用说明书的规定,使用起动装置,起动发动机。

b. 发动机保持怠速运转 40 s,在 40 s 终了时开始循环,并同时开始取样。

● 怠速。

a. 手动或半自动变速器。怠速期间,离合器接合,变速器置于空挡位置。为了按正常循环进行加速,车辆应在循环的每个怠速后期,即加速开始前 5 s,使离合器脱开,变速器置于 1 挡。

b. 自动变速器。在试验开始时,选择好挡位后,在试验期间,任何时候不得再操作变速杆,但自动变速器如果在规定时间内不能完成加速工况,则应按手动变速器的要求,操作变速杆。

● 加速。

a. 进行加速时,在整个工况过程中,应尽可能地使加速度恒定。

b. 如果在规定时间内未能完成加速工况,如果可能,所需的额外时间应从工况改变的复合公差允许的时间中扣除;否则,应该从下一等速工况的时间内扣除。

c. 自动变速器如果在规定时间内不能完成加速工况,则应按手动变速器的要求,操作挡位选择器。

● 减速。

a. 在所有减速工况时间内,应使加速踏板完全松开,离合器接合,当车速降至10km/h时,使离合器脱开,但不操作变速杆。

b. 如果减速时间比相应工况规定的时间长,则允许使用车辆的制动器,以使循环按照规定的时间进行。

c. 如果减速时间比相应工况规定的时间短,则应由下一个等速或怠速工况中的时间补偿,使循环按规定的时间进行。

● 等速。

a. 从加速工况过渡到下一等速工况时,应避免猛踏加速踏板或关闭节气门。

b. 等速工况应采用保持加速踏板位置不变的方法实现。

● 当车速降低到0km/h时(车辆停止在转鼓上),变速器置于空挡,离合器接合。排气污染物测量值应由系统主机自动进行计算和修正。

(3)检测结果分析

● 废气检测值与发动机故障的关系。不同工况下废气排放浓度值范围见表9-1。废气检测值与发动机系统故障的关系见表9-2。

表9-1 不同工况下废气排放浓度值范围

转速	CO(%)	HC($\times 10^{-6}$)	CO_2(%)	O_2(%)
怠速	0.5~3	0~250	13~15	1~2
1 500/min,空负荷	0~2.0	0~200	—	1~2
2 500/min,空负荷	0~1.5	0~150	13~15	1~2

表9-2 废气检测值与系统故障的关系

CO	HC	CO_2	O_2	故障原因
低	很高	低	低	间歇性失火
低	很高	低	低	气缸压力
很高	很高/高	低	低	混合气浓
很高	很高/高	低	很高/高	混合气稀
高	低	正常	正常	点火太迟
低	高	正常	正常	点火太早

续表

CO	HC	CO$_2$	O$_2$	故障原因
变化	变化	低	正常	EGR 阀漏气
很低	很低	很低	很高	空气喷射系统
低	低	低	高	排气管漏气

● 排气检测参数中的数据分析。如果燃烧室中没有足够的空气保证正常燃烧，在通常情况下，二氧化碳 (CO$_2$) 的读数和一氧化碳 (CO)、氧 (O$_2$) 的读数相反。燃烧越完全，二氧化碳 (CO$_2$) 的读数就越高，最大值在 13.5%～14.8% 之间，此时一氧化碳 (CO) 的读数应该非常接近 0。

O$_2$ 的读数是较有用的诊断数据之一。O$_2$ 的读数和其他 3 个读数一起，能帮助找出诊断问题的难点。通常，装有催化转化器的汽车，O$_2$ 的读数应该是 1.0%～2.0%，说明发动机燃烧很好，只有少量未燃烧的 O$_2$ 通过气缸。

O$_2$ 的读数小于 1.0%，说明混合气太浓，不利于很好地燃烧。O$_2$ 的读数超过 2.0%，说明混合气太稀。燃油滤清器堵塞、燃油压力低、喷油器阻塞、真空系统漏气、废气再循环 (EGR) 阀泄漏等，都可能导致过稀失火。

（4）注意事项

● 检测汽油车怠速污染物，一定要把发动机怠速转速和温度控制在规定范围之内。
● 取样探头、导管分为低含量用和高含量用两种，两者要分别使用。
● 检测时导管不要发生弯折现象。
● 多部车辆连续检测时，一定要把取样探头从排气管里抽出并等仪表指针回到零点后再进行下一辆车的测量。
● 不要在有油或有有机溶剂的地方进行检测。
● 要注意检测地点的室内通风换气，以防人员中毒。
● 检测结束后，要立即把取样探头从排气管里抽出来。
● 取样探头不用时要垂直吊挂，不要平放，以防管内的积水腐蚀取样探头。
● 气体分析仪不要放置在湿度大、温度变化大、振动大或倾斜的地方。
● 气体分析仪要定期维护，以确保使用精度。
● 校准用的标准气样是有毒的，要注意保管。
● 如果需人工记录和校正数据，则应在测试开始前记录环境温度、相对湿度和大压力等。

2. 柴油车尾气排放检测

（1）用滤纸式烟度计检测排气烟度

① 准备工作

柴油车自由加速烟度的检测应在自由加速工况下，采用滤纸式烟度计按测量规程进行。以下以FQD-201型排气烟度计为例介绍柴油车自由加速烟度的检测方法。

● 仪器校准。

a. 未接通电源时，先检查指示电表指针是否在机械零点上，否则用零点调整螺钉使指针与"0"的刻度重合。

b. 接通电源，仪器进行预热，然后打开测量开关，在光电传感器下垫上10张洁白滤纸，调节粗调电位器和细调电位器，使表头指针与"0"的刻度重合。

c. 在10张洁白滤纸上放上标准烟样，光电传感器对准标准烟样中心垂直放置在其上。此时，表头指针应指在标准烟样所代表的染黑度数值上，否则应调节仪器后面板上的小型电位器。

● 检查取样装置和控制装置中各部机件的工作情况，特别要检查脚踏开关与活塞抽气泵动作是否同步。

● 检查控制用压缩空气和清洗用压缩空气的压力是否符合要求。

● 检查滤纸，应洁白无污。

② 测试步骤

● 用压力为0.3～0.4 MPa的压缩空气清洗取样管路。

● 把活塞式抽气泵置于待抽气位置，将洁白的滤纸置于待取样位置，并夹紧。

● 将取样探头固定于排气管内，插入深度为300 mm，并使其轴线与排气管轴线平行。

● 将脚踏开关引入汽车驾驶室内，但暂不固定在加速踏板上。

● 按图9-20所示测量规程进行自由加速烟度检测。先由怠速工况将加速踏板踩到底，维持4 s即松开，然后怠速运转16 s，共计20 s。在怠速运转16 s的时间内，要用压缩空气清洗机构对取样软管和取样探头吹洗数秒钟。上述操作重复3次，以熟悉加速方法并把排气管内的碳渣等积存物吹掉。然后，把脚踏开关固定在加速踏板上，如图9-21所示。

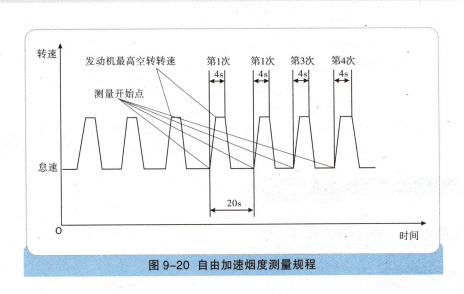

图9-20 自由加速烟度测量规程

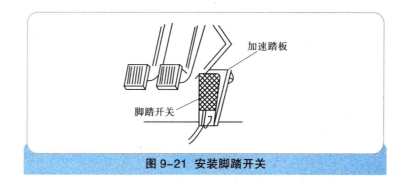

图 9-21 安装脚踏开关

●进行实测,将加速踏板与脚踏开关一并迅速踩到底,至 4 s 时立刻松开,维持怠速运转 16 s,共计 20 s。在 20 s 时间内应完成排气取样、滤纸染黑、走纸、抽气泵复位、检测并指示烟度、清洗等工作。

从第 1 次开始加速至第 2 次开始加速为一个循环,每个循环共计 20 s 时间。实测中需操作 4 个循环,取后 3 个循环烟度读数的算术平均值作为所测烟度值。当汽车发动机出现黑烟冒出排气管的时间与抽气泵开始抽气的时间不同步现象时,应取最大烟度值作为所测烟度值。

●在被染黑的滤纸上记下试验序号、试验工况和试验日期等,以便保存。

●检测结束,及时关闭电源和气源。

③注意事项

●取样软管的内径和长度有规定,不能随意用其他型号的软管代替。
●指示装置不用时,应把测量开关置于关的位置,以免在移动或运输时损坏指示表。
●指示装置应避开有振动和相对湿度大的地方。
●滤纸和校准用校准烟样,不要放置在阳光下暴晒或灰尘多的地方。
●标准烟样必须定期检定,在有效期内使用。

(2)用不透光式烟度计测试排气可见污染物含量

①准备工作

按照仪器说明书的规定进行仪器的预热、检查和校准;对被检车辆的准备工作同"滤纸式烟度计检测排气烟度"。

②测试步骤

●车辆在发动机怠速下,插入不透光烟度仪取样探头。
●迅速但不猛烈地踏下加速踏板,使喷油泵供给最大油量,在发动机达到调速器允许的最大转速前,保持此位置。一旦达到最大转速,立即松开加速踏板,使发动机恢复至怠速,不透光烟度仪恢复到相应状态。

- 重复上述操作过程至少 6 次，记录不透光烟度仪的最大读数值。如果读数值连续 4 次均在 0.25m^{-1} 的带宽内，并且没有连续下降趋势，则记录值有效。
- 计算 4 次测量结果的算术平均值。

（3）在用汽车加载减速试验

对装配压燃式发动机的在用汽车排气烟度的检验，可以使用加载减速工况法。所使用的检测设备主要包括底盘测功机、不透光烟度计、发动机转速传感器等，由中央控制系统集中控制。

① 准备工作

- 对仪器设备的准备工作请参阅本书前述的"汽车底盘测功"等相关内容或参阅相关仪器、设备的使用说明书。
- 连接好发动机转速传感器。
- 选择合适的挡位，使加速踏板在最大位置时，受检车辆的最高车速接近 70 km/h。
- 由控制系统判定测功机是否能够吸收受检车辆的最大功率，如果车辆最大功率超过了测功机的功率吸收范围，不能进行检测。

② 测试步骤

- 正式检测开始前，检测员应按以下步骤操作，以便能够获得自动检测所需的初始数据。

a. 起动发动机，变速器置于空挡，逐渐增大加速踏板直到达到最大，并保持在最大开度状态，记录此时发动机的最大转速，然后松开加速踏板，使发动机回到怠速状态。

b. 使用前进挡驱动被检车辆，选择合适的挡位，使加速踏板处于全开位置时，测功机指示的车速接近 70 km/h，但不能超过 100 km/h。对于装有自动变速器的车辆，应注意不要在超速挡下进行测量。

- 计算机对按上述步骤获得的数据自动进行分析，判断是否可以继续进行检测，所有被判定不适合检测的车辆，都不允许进行加载减速烟度试验。
- 在确认机动车可以进行排放检测后，将底盘测功机切换到自动检测状态。

a. 加载减速测试的过程必须完全自动化，在整个检测循环中，由计算机控制系统自动完成对底盘测功机加载减速过程的管理。

b. 自动控制系统采集 3 组检测状态下的检测数据，以判定受检车辆的排气光吸收系数 K 是否达标。3 组数据分别为最大功率下的转鼓线速度点、90% 最大功率下的转鼓线速度点和 80% 最大功率下的转鼓线速度点。

c. 上述 3 组检测数据包括轮边功率、发动机转速和排气光吸收系数 K，必须将不同工况点的检测结果都与排放限值进行比较。若修正后的最大轮边功率低于所要求的最小功率，或者测得的排气度光吸收系数 K 超过了标准规定的限值，均应判定该车的排放不合格。

- 检测开始后，检测员始终将加速踏板踩到底，直到检测系统通知松开加速踏板为止。在试验过程中，检测员应实时监控发动机冷却液温度和机油压力。一旦冷却液温度超出了规定的温度范围，或者机油压力偏低时，都必须立即停止检测。当冷却液温度过高时，检测员应松开加速踏板，将变速器置于空挡，使车辆停止运转。然后，使发动机在怠速工况下运转，直到冷却液温度重新恢复到正常范围为止。

● 在检测过程中，检测员应时刻注意受检车辆或检测系统的工作情况。

● 检测结束后，打印检测报告并存档。

● 将受检车辆驶离底盘测功机以前，检测员应检查是否已经完成相关的检测工作，并完成对相关检测数据的记录和保护。

● 按下列步骤将受检车辆驶离底盘测功机：

a. 从受检车辆上拆下所有测试和保护装置。

b. 举起底盘测功机举升板，锁住转鼓。

c. 去掉车轮挡块，确认受检车辆及其行驶路线周围没有障碍物或人员。

d. 慢慢将受检车辆驶离底盘测功机，并停放到指定地点。

③ 注意事项

● 每条检测线至少应配备3名检测员，一名检测员操作控制计算机，一名检测员负责驾驶受检车辆，一名检测员进行辅助检查，并随时注意受检车辆在检测过程中是否出现异常情况。

● 除检测员外，在检测过程中，其他人员不得在检测现场逗留。

● 对于非全时四轮驱动车辆，应选择后轮驱动方式。

● 对于紧密型多轴驱动的车辆，或全时四轮驱动车辆，不能进行加载减速检测，应进行自由加速排气烟度排放检测。

● 如果发现受检车辆的车况太差，不适宜进行加载减速法检测，必须先进行修理后才能进行检测。

● 检测过程中由于发动机发生故障，使检测工作终止时，必须待故障排除后重新进行排放检测。

● 在加载减速检测过程中，不论什么原因，如果操作驾驶员想通过松开加速踏板来暂时停止检测工作，检测工作都将被提前中断。在这种情况下，自动试验程序认为检测工作已经中止。

● 不透光烟度计至少每年检定一次，每次维修后必须进行检定，经检定合格后方可重新投入使用。

（4）检测结果分析

在压燃式发动机的烟气排放中，微粒和碳烟的生成机理还未完全研究清楚。目前，一般都认为燃烧时的一段高温范围和局部存在特别浓的混合气，是产生微粒和碳烟的必要条件。

装配压燃式发动机的在用汽车的排气烟度检测结果超标，主要原因是柴油机供油系调整不当所致。此外，柴油机气缸活塞组和曲柄连杆机构的技术状况及柴油的质量等对排放烟度也有影响。柴油机供油系统调整不当和相关系统技术状况的变化，主要表现在柴油机出现冒黑烟、蓝烟及白烟故障。其黑烟对排放烟气检测结果的影响最大。柴油机工作时黑烟浓重，其故障多由于喷油量过大，雾化不良，各缸喷油量不均匀，喷油时刻过早，调速器失调和空气滤清器堵塞等因素引起。

此外，柴油机冒黑烟还与柴油质量有关，为使着火性能良好，一般柴油机选用十六烷值为 40~45 的柴油为宜。若十六烷值超过 65，则柴油蒸发性变差，致使燃烧不彻底，工作时也会发生冒黑烟现象。

任务三 汽车噪声及检验

一、汽车噪声的来源

汽车噪声的来源有多种,如发动机、变速器、驱动桥、传动轴、车厢、玻璃窗、轮胎、继电器、喇叭、音响等都会产生噪声。这些噪声有些是被动产生的,只要车辆行驶就会产生噪声;有些是主动产生的(如人为按动喇叭)。具体可以分为以下几种。

1. 发动机噪声

(1)燃烧噪声

燃烧噪声是由于气缸内周期性变化的气体压力的作用而产生的。燃烧噪声主要表现为气体燃烧时急剧上升的气缸压力通过活塞、连杆、曲柄缸体及缸盖等引起发动机结构表面振动而辐射出来的噪声。压力升高率是影响燃烧噪声的根本因素。因而,燃烧噪声主要集中于速燃期,其次是缓燃期。柴油机由于压缩比高,压力升高率过大,其燃烧噪声比汽油机高得多。

(2)机械噪声

机械噪声是指由于气体压力及机件的惯性作用,相对运转零件之间产生撞击和振动而形成的噪声。机械噪声主要包括活塞连杆组噪声(活塞、连杆、曲柄等运动件撞击气缸体产生的噪声)、配气机构噪声、齿轮机构噪声、柴油机供油系统噪声等。

活塞连杆组噪声是发动机最主要的机械噪声源。其噪声大小与活塞和缸壁间隙、发动机转速、负荷、活塞与缸壁润滑条件、活塞的结构及材料、活塞环数及张力、缸套厚度等有关。

配气机构噪声是由于气门开启和关闭时产生的撞击以及系统振动而形成的噪声。气门运动速度、气门间隙、配气机构形式、零部件刚度及质量等是影响配气机构噪声的主要因素。

齿轮机构噪声是由齿轮啮合时所产生的噪声和齿轮固有振动噪声组成的。影响齿轮机构噪声的因素主要有齿轮的运转状况、齿轮的设计参数、齿轮的加工精度等。

柴油机供油系统噪声主要是由于喷油泵、喷油器和高压油管系统振动引起的。其中,喷油泵形成的噪声是主要的机械噪声。为降低喷油泵噪声,可提高泵体刚度,如采用特种金属或塑料材料,可加装隔声罩等。

(3)进、排气噪声

进、排气噪声是发动机在进、排气过程中的气体压力波动和高速气体流动所产生的噪声。进、排气噪声的强、弱受发动机转速和负荷影响较大。随着发动机转速的提高，进气噪声增大，负荷对进气噪声影响较小；随着发动机的转速的增加，空负荷比满负荷的比率更大些。降低进气噪声的最有效措施是设计合适的空气滤清器或采用进气消声器。

（4）风扇噪声

风扇噪声是由旋转噪声和涡流噪声所组成的。旋转噪声是由于旋转时叶片切割空气，引起振动所产生的。涡流噪声是由风扇旋转时叶片周围产生的空气涡流所造成的。影响风扇噪声的主要因素是风扇转速以及一些机械噪声。

2. 传动机构噪声

变速器噪声主要是由于齿轮振动引起的。此外，还包括轴承运转声、润滑油搅拌声、发动机振动传至变速器箱体而辐射的噪声等。提高齿轮加工精度，选择合适的齿轮材料，设计固有振动频率高、密封性好、隔声性的齿轮箱等均可减少变速器噪声。

传动轴噪声主要表现为汽车行驶中传动轴发出的周期性响声，且车速越高，响声越严重，甚至使车身发生抖动、驾驶员握转向盘的手有麻木感，这是由于传动轴变形、轴承松旷及装配不良等原因造成的。提高装配精度，检查平衡片有无脱落，避免超速行驶，可减少传动轴噪声。

驱动桥噪声是在汽车行驶时车后部发出的较大的响声，且车速越高，响声越大。其主要是由于齿隙不合适、装配不当、轴承调整不当等原因造成的。

3. 制动噪声

制动噪声是汽车制动过程中由制动器摩擦诱发引起制动器等部件振动发出的声响，通常称为制动尖叫声。特别是制动器由热状态转为冷状态时更容易产生这种噪声。该高频噪声不仅影响汽车的舒适性，还会给驾驶员带来不必要的担心。

鼓式制动器比盘式制动器产生的噪声大。制动噪声通常发生在制动器摩擦片端部和根部与制动鼓接触的情况下。其噪声大小取决于制动器摩擦片长度方向上的压力分布规律，还受制动系零部件刚度的影响。

4. 轮胎噪声

轮胎噪声包括轮胎花纹噪声、道路噪声、弹性振动噪声以及轮胎旋转时搅动空气引起的风噪声。

花纹噪声和道路噪声都是轮胎和路面相互作用而产生的噪声。汽车行驶时，轮胎接地部分胎面花纹沟槽内的空气以及路面的微小凹凸与地面间的空气，在轮胎离开地面时，受到一种类似于泵的挤压作用引起周围空气压力变化从而产生噪声。弹性振动噪声是由于轮胎不平衡、胎面花纹刚度变化或路面凹凸不平等原因激发胎体振动而产生的噪声。

影响轮胎噪声的主要因素有轮胎花纹、车速及负荷、轮胎气压、装配情况、轮胎磨损程度、路面状况等。

二、汽车噪音的检测设备

声级计是一种能够把工业噪声、生活噪声和汽车噪声等,按人耳听觉特性近似地测定其噪声级的仪器。噪声级是指用声级计测得的并经过听感修正的声压级(dB)或响度(phon)。

根据声级计在标准条件下测量1 000 Hz纯音所表现出来的精度,20世纪60年代国际上将声级计分为精密声级计和普通声级计。我国也采用这种分类方法。另外,根据声级计所用电源的不同,还可将声级计分为交流式声级计和用于电池的电池式声级计。

声级计一般由传声器、电子线路(包括放大器、衰减器、计权网络、检波器等)、指示仪表及电源等组成。其工作原理如图9-22所示。

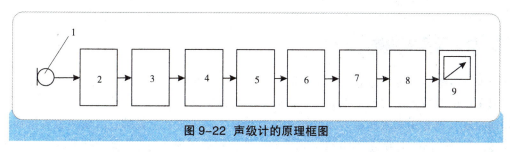

图9-22 声级计的原理框图

1—传声器;2—前置放大器;3—输入衰减器;4—输入放大器;5—计权网络;6—输出衰减器;
7—输出放大器;8—检波器;9—指示仪表

1. 传声器

传声器也称为话筒、麦克风,是将声压信号(机械能)转变为电信号(电能)的传感器,是声级计中关键元器件之一。

传声器的种类很多,按照它们的构造不同,可以分为动圈式、电容式、压电式、半导体式等多种传声器。常用的传声器是动圈式和电容式两种传声器。图9-23所示为电容式传声器结构示意图。

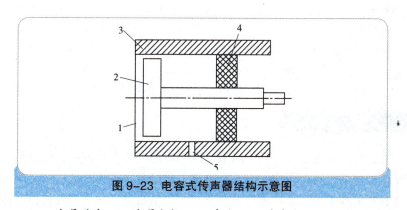

图9-23 电容式传声器结构示意图

1—金属膜片;2—金属电极;3—壳体;4—绝缘体;5—平衡孔

195

动圈式传声器由振动膜片、可动线圈、永久磁铁和变压器等组成。振动膜片受到声波压力后开始振动，并带动和它装在一起的可动线圈在磁场内振动，以产生感应电流。该电流根据振动膜片受到声波压力的大小而变化，声压越大，产生的电流就越大；声压越小，产生的电流也越小。

电容式传声器主要由金属膜片和靠得近的金属电极组成，实质上是一个平板电容，金属膜片与金属电极构成了平板电容的两个板极。当膜片受到声压作用时，膜片发生变形，使两个极板之间的距离发生了变化，电容量也发生变化，从而产生交变电压，其波形在传声器线性范围内与声压级波形成比例，实现了将声压信号转变为电压信号的目的。

电容式传声器是声学测量中比较理想的传声器，具有动态范围大、频率响应平直、灵敏度高和在一般测量环境下稳定性好等优点，因而应用广泛。由于电容式传声器输出阻抗很高，因而需要通过前置放大器进行阻抗变换，前置放大器装在声级计内部靠近安装电容式传声器的部位。

2. 放大器和衰减器

由于传声器将声压转变为电压的能量很小，所以在声级计中安装有低噪声放大器。在放大电路中一般采用两级放大器，即输入放大器和输出放大器，其作用是将微弱的电信号放大。输入衰减器和输出衰减器是用来改变输入信号的衰减量和输出信号的衰减量的，以便使表头指针指在适当的位置，其每一挡的衰减量为 10 dB。输入放大器使用的衰减器调节范围为测量低端（如 0 ~ 70 dB），输出放大器使用的衰减器调节范围为测量高端（如 70 ~ 120dB）。输入衰减器和输出衰减器的刻度常做成不同的颜色，目前以黑色与透明配对为多。由于许多声级计的高低端以 70 dB 为界限，故在旋转时要防止超过界限，以免损坏装置。

3. 计权网络

为了模拟人耳听觉在不同频率的不同的灵敏性，在声级计内设有一种能够模拟人耳的听觉特性，把电信号修正为与听觉近似的网络，这种网络称为计权网络。通过计权网络测得的声压级，已不再是客观物理量的声压级，而是经过听感修正的声压级，称为计权声级或噪声计。

计权网络一般有 A、B、C3 种。A 计权声级用于模拟人耳对 55 dB 以下低强度噪声的频率特性，B 计权声级用于模拟 55 ~ 85 dB 的中等强度噪声的频率特性，C 计权声级用于模拟高强度噪声的频率特性。A 计权网络测得的噪声值比较符合人耳对噪声的感觉。在汽车和发动机噪声测试时，大多采用 A 计权网络。

从声级计上得出的噪声级读数，必须注明测量的条件，如果单位为 dB，且使用的是 A 计权网络，则应记为 dB（A）。

4. 检波器

为了使经过放大的信号通过仪表显示出来，声级计还需要有检波器，以便把迅速变化的电压信号转变成变化比较慢的直流电压信号。这个直流电压的大小正比于输入信号的大小。根据测量的需要，检波器有峰值检波器、平均值检波器和均方根值检波器之分。峰值检波器能给出一定时间间隔中的最大值，平均值检波器能在一定时间间隔中测量其绝对平均值。在多数噪声测量中采用均方根值检波器,均方根值检波器能对交流信号进行平方、平均和开方,得出电压的均方根值,最后将均方根电压信号输送到指示仪表。

5. 指示仪表

指示仪表是一只电表,对其刻度进行一定的标定,可从表头上直接读出噪声级的 dB 值,声级计表头阻尼一般都有"快"和"慢"两个挡。"快"挡的平均时间为 0.27 s,很接近于人耳听觉器官的生理平均时间。"慢"挡的平均时间为 1.05 s。当对稳态噪声进行测量或需要记录声级变化过程时,使用"快"挡比较合适;在被测噪声的波动比较大时,使用"慢"挡比较合适。

声级计面板上一般还备有一些插孔。这些插孔如果与便携式倍频带滤波器相连,可组成小型现场使用的简易频谱分析系统;如果与录音机组合,则可把现场噪声录制在磁带上储存下来,待以后再进行更详细的研究;如果与示波器组合,则可观察到声压变化的波形,并可储存波形或用照相机把波形拍摄下来;还可以把分析仪、记录仪等仪器与声级计组合、配套使用,这要根据测试条件和测试要求而定。

三、汽车噪声的测量方法

国家标准规定汽车噪声使用的测量仪器有精密声级计或普通声级计和发动机转速表,声级计误差不超过 ±2dB,并要求在测量前后,按规定进行校准。

1. 声级计的检查与校准

● 在未接通电源时,先检查并调整仪表指针的机械零点。可用零点调整螺钉使指针与零点重合。

● 检查电池容量。把声级计功能开关对准"电池",此时电表指针应达到额定红线,否则读数不准,应更换电池。

● 打开电源开关,预热仪器 10min。

● 校准仪器。每次测量前或使用一段时间后,应对仪器的电路和传声器进行校准。根据声级计上配有的电路校准"参考"位置,校验放大器的工作是否正常。如不正常,应用微调电位计进行调节。电路校准后,再用已知灵敏度的标准传声器对声级计上的传声器进行对比校准。

常用的标准传声器有声级校准器和活塞式发声器,它们的内部都有一个可发出恒定频率、恒定声级的机械装置,因而很容易对比出被检传声器的灵敏度。声级校准器产生的声压级为 94dB,频率为 1 000Hz;活塞式发声器产生的声压级为 124dB,频率为 250Hz。

● 将声级计的功能开关对准"线性"、"快"挡。由于室内的环境噪声一般为 40~60dB,声级计上应有相应的示值。当变换衰减器刻度盘的挡位时,表头示值应相应变化 10dB 左右。

● 检查计权网络。按上述步骤,将"线性"位置依次转换为"C"、"B"、"A"。由于室内环境噪声多为低频成分,故经三挡计权网络后的噪声级示值将低于线性值,而且应依次递减。

● 检查"快"、"慢"挡。将衰减器刻度盘调到高分贝值处(如 90dB),通过操作人员发声,观察"快"挡时的指针能否跟上发音速度,"慢"挡时的指针摆动是否明显迟缓。

● 在投入使用时,若不知道被测噪声级多大,必须把衰减器刻度盘预先放在最大衰减位置(即 120dB),然后在实测中再逐步旋至被测声级所需要的衰减挡。

2. 车外噪声的测量方法

(1) 测量条件

● 测量场地应平坦而空旷，在测试中心以 25m 为半径的范围内，不应有大的反射物，如建筑物、围墙等。
● 测试场地跑道应有 20m 以上平直、干燥的沥青路面或混凝土路面。路面坡度不超过 0.5%。
● 本底噪声 (包括风噪声) 应比所测车辆噪声至少低 10dB，并保证测量不被偶然的其他声源所干扰。本底噪声是指测量对象噪声不存在时周围环境的噪声。
● 为避免风噪声干扰，可采用防风罩，但应注意防风罩对声级计灵敏度的影响。
● 声级计附近除测量者外，不应有其他人员，如不可缺少时，则必须在测量者背后。
● 被测车辆不载重，测量时发动机应处于正常使用温度，车辆带有其他辅助设备（亦是噪声源）的，测量时是否开动，应按正常使用情况而定。

(2) 测量场地及测点位置

图 9-24 所示为汽车噪声的测量场地及测量位置，测试传声器位于 20m 跑道中心点 O 两侧，各距中线 7.5m，距地面高度 1.2m，用三脚架固定，传声器平行于路面，其轴线垂直于车辆行驶方向。

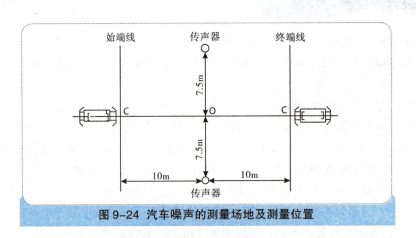

图 9-24 汽车噪声的测量场地及测量位置

(3) 加速行驶车外噪声的测量方法

● 车辆须按规定条件稳定地到达始端线，前进挡位为 4 挡以上的车辆用第 3 挡，前进挡位为 4 挡或 4 挡以下的用第 2 挡，发动机转速为其标定转速的 3/4。如果此时车速超过了 50km/h，那么车辆应以 50km/h 的车速稳定地到达始端线。对于自动变速器的车辆，使用在试验区间加速最快的挡位。辅助变速装置不应使用。在无转速表时，可以控制车速进入测量区，即以所定挡位相当于 3/4 标定转速的车速稳定地到达始端线。

- 从车辆前端到达始端线开始，立即将加速踏板踏到底或节气门全开，直线加速行驶，当车辆后端到达终端线时，立即停止加速。车辆后端不包括拖车以及和拖车连接的部分。

本测量要求被测车在后半区域发动机达到标定转速，如果车速达不到这个要求，可延长 OC 距离为 15m，如仍达不到这个要求，车辆使用挡位要降低一挡。如果车辆在后半区域超过标定转速，可适当降低到达始端线的转速。
- 声级计用 A 计权网络、"快"挡进行测量，读取车辆驶过时的声级计表头最大读数。
- 同样的测量往返进行 1 次。车辆同侧两次测量结果之差应不大于 2dB，并把测量结果记入规定的表格中。取每侧 2 次声级平均值中的最大值作为检测车的最大噪声级。若只用 1 个声级计测量，同样的测量应进行 4 次，即每侧测量 2 次。

（4）匀速行驶车外噪声的测量方法

- 车辆用常用挡位，加速踏板保持稳定，以 50km/h 的车速匀速通过测量区域。
- 声级计用 A 计权网络、"快"挡进行测量，读取车辆驶过时声级计表头的最大读数。
- 同样的测量往返进行 1 次，车辆同侧两次测量结果之差不应大于 2dB，并把测量结果记入规定的表格中。若只用 1 个声级计测量，同样的测量应进行 4 次，即每侧测量 2 次。

3. 车内噪声的测量方法

（1）测量条件

- 测量跑道应有足够试验需要的长度，应是平直、干燥的沥青路面或混凝土路面。
- 测量时风速（指相对于地面）应不大于 3m/s。
- 测量时车辆门窗应关闭。车内带有其他辅助设备亦是噪声源的，测量时是否开动，应按正常使用情况而定。
- 车辆周围噪声比所测车内噪声至少低 10dB，并保证测量不被偶然的其他声源所干扰。
- 车内除驾驶员和测量人员外，不应有其他人员。

（2）测点位置

- 车内噪声测量通常在人耳附近布置测点，传声器朝车辆前进方向。
- 驾驶室内噪声测点的位置如图 9-25 所示。
- 载客车室内噪声测点可选在车厢中部及最后一排座的中间位置，传声器高度参考图 9-25。

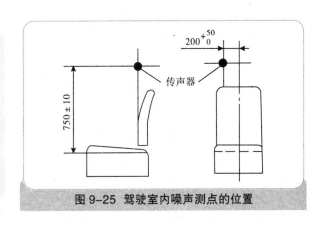

图 9-25 驾驶室内噪声测点的位置

（3）测量方法

- 车辆以常用挡位、50km/h 以上的不同车速匀速行驶，分别进行测量。
- 用声级计"慢"挡测量 A、C 计权声级，分别读取表头指针最大读数的平均值，测量结果记入规定的表格中。
- 进行车内噪声频谱分析时，应包括中心频率为 31.5Hz、63Hz、125Hz、250Hz、500Hz、1 000Hz、2 000Hz、4 000Hz、8 000Hz 的倍频带。

4. 驾驶员耳旁噪声的测量方法

- 车辆应处于静止状态且变速器置于空挡，发动机应处于额定转速状态。
- 测点位置如图 9-25 所示。
- 声级计应置于 A 计权、快挡。

5. 汽车喇叭声的测量方法

汽车喇叭声的测点位置如图 9-26 所示，测量时应注意不被偶然的其他声源峰值所干扰。测量次数宜在 2 次以上，并注意监听喇叭声是否悦耳。

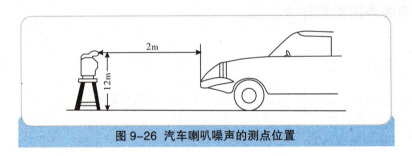

图 9-26 汽车喇叭噪声的测点位置

思考与练习

一、填空题

1. CO 是一种 _____ 的气体,被吸入人体时,很容易和 _____ 结合,并输送到体内,从而阻碍 _____ 的运输,造成人体一氧化碳中毒,严重时可能引起 _____,甚至死亡。

2. MEXA-324F 型汽车尾气分析仪,主要由 _____、_____、_____ 和 _____ 组成。

3. 轮胎噪声包括 _____、_____、_____ 以及轮胎旋转时搅动空气引起的风噪声。

二、选择题

1. 下列不是汽油车排放污染物的主要成分的是（　　）。
   A. 氮氧化物　　　B. 氮氢化物　　　C. 碳烟　　　D. 一氧化碳

2. 双排气管的汽油车测量怠速污染物排放值应取（　　）。
   A. 两根排气管中污染排放值大的
   B. 两根排气管污染物排放值平均值
   C. 两根排气管污染物排放值之差
   D. 两根排气管污染物排放之和

3. 汽车驾驶员耳旁噪声级别应不大于（　　）。
   A. 30dB　　　B. 60dB　　　C. 120dB　　　D. 90dB

4. 汽车进行噪声测量时,传声器与排气口端等高,在任何情况下距地面不得小于（　　）m。
   A. 0.6　　　B. 0.2　　　C. 0.3　　　D. 0.4

三、问答题

1. 汽车尾气排放中的主要有害成分是什么？有何危害？

2. 为什么要检测汽车尾气排放污染物的含量？

3. 滤纸式烟度计的工作原理是怎样的？

参 考 文 献

［1］张飞，李军．汽车使用性能与检测［M］．北京：清华大学出版社，2015．
［2］李兴卫．汽车使用性能与检测［M］．成都：西南交通大学出版社，2016．
［3］陈纪民．汽车使用性能与检测［M］．北京：中国人民大学出版社，2011．
［4］曾国文．汽车使用性能与检测（第2版）［M］．北京：中国劳动社会保障出版社，2017．
［5］巩航军．汽车使用性能与检测技术（第二版）［M］．北京：人民交通出版社，2017．
［6］杨益明．汽车使用性能与检测技术（第三版）［M］．北京：人民交通出版社，2016．
［7］王忠良，吴兴敏，隋明轩．汽车使用性能与检测［M］．北京：北京理工大学出版社，2014．